GRAN LIBRO
de las 12 Liberaciones energéticas

Editorial Edaf, S.L.U.
Jorge Juan, 68
28009 Madrid, España
Teléf.: (34) 91 435 82 60
www.edaf.net edaf@edaf.net

Ediciones Algaba, S.A. de C.V.
Calle 21, Poniente 3323 - Entre la 33 sur y la 35 sur
Colonia Belisario Domínguez
Puebla 72180, México
Telf.: 52 22 22 11 13 87
jaime.breton@edaf.com.mx

Edaf del Plata, S.A.
Chile 2222
Buenos Aires – Argentina
edafdelplata@gmail.com
fernando.barredo@edaf.com.mx
Teléf.: +54 11 4308-5222 / +54 9 11 6784-9516

Edaf Chile S.A.
Huérfanos 1179 – Oficina 501
Santiago – Chile
comercialedafchile@edafchile.cl
Teléf.: +56 9 4468 0539/+56 9 4468 0537

Marzo de 2024

ISBN: 978-84-414-4298-6
Depósito legal: M-3154-2024

PRINTED IN SPAIN   IMPRESO EN ESPAÑA

COFÁS

Papel 100 % procedente de bosques gestionados de acuerdo con criterios de sostenibilidad.

Stéphanie Abellan

EL GRAN LIBRO
de las 12 Liberaciones energéticas

edaf

Memoria celular
Lectura meditativa · Visualización

Los secretos del inconsciente
son tan profundos como el más
grande de los océanos.
No se trata de vaciarlo para ver
con más claridad, sino de buscar
en lo más hondo de nuestra alma
cómo alcanzar la orilla.

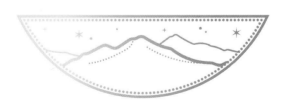

ÍNDICE

«Amarse a sí mismo es el inicio
de una historia de amor
para toda la vida».

Oscar Wilde

INTRODUCCIÓN

Bienvenido a este viaje iniciático al corazón de tu mundo interior. A lo largo de los 12 capítulos que componen este libro, vas a poder abordar y liberar la mayoría de los bloqueos celulares que llevas dentro y de los cuales, a menudo no eres consciente. Antes de ver los 12 tratamientos con lectura meditativa, es importante entender cómo funciona tu memoria celular, cómo se crean los bloqueos y de qué manera pueden afectar numerosos aspectos de tu vida.

Si se busca entender el funcionamiento del ser humano, observarás en primer lugar, el cuerpo físico, luego su estado psicológico y mental. Terminarás deduciendo con toda probabilidad que la vertiente emocional de cada persona tiene una enorme influencia sobre ella. La mayoría de las personas no irán más allá de esos criterios e intentarán resolver su malestar, su tristeza, sus miedos o bloqueos ciñéndose a esos tres parámetros. Pero, para obtener una visión global de un ser humano, hay que considerar su faceta energética y su memoria celular.

La memoria celular es idéntica a la placa base de un ordenador en la cual hubiéramos descargado y almacenado miles de datos de información: traumas, recuerdos felices, experiencias, lecciones, emociones. Todos estos datos se dividen en dos categorías: las memorias celulares positivas, que servirán para nutrir tus leyes de la atracción, tu pensamiento positivo, tu sentimiento de gratitud, tus aprendizajes y tu bienestar en general. Y las que son el objeto de este estudio, las memorias negativas, que están presentes y vibran de manera deficiente porque «no han sido tratadas»...

¿Por qué el término «memoria no tratada» es interesante?

Imagínate un lunes por la mañana a las 7, tu despertador suena porque así lo programaste el día anterior para que te ayude a despertarte. Cuando suena, lo oyes y sabes que te está avisando de que ha llegado el momento de levantarse de la cama, lo apagas y corres a prepararte para empezar el día. A la inversa, imagínate cómo sería tu vida si todos los despertadores de cada mañana no se apagaran nunca, si sonasen sin cesar sin poder hacerlos callar, tu existencia sería un calvario.

Estás en este momento en esa situación.

Solo que estas alarmas no son las de tu despertador, son las señales emitidas por el sufrimiento de tus memorias enfermas: cada vez que vives una experiencia lo bastante estresante o dolorosa para ti se crea un recuerdo que se cristaliza en tu memoria celular al igual que un copo de nieve. Mientras que ese recuerdo celular no sea atendido y calmado, seguirá emitiendo esa «alarma» hasta que consigas apagarla.

Esta es la razón por la cual experimentamos con regularidad sentimientos de tristeza, malestar o ira sin ninguna razón particular. Tus memorias celulares te hacen saber que existen por medio de las emociones; una señal de alarma que demasiadas personas minimizan o no interpretan con acierto.

Para liberar una sombra hay que sacarla a la luz: conseguiremos de ese modo que desaparezca; sin embargo, si no eres consciente de la existencia de dicha sombra, esos bloqueos serán muy difíciles de tratar.

¿Cómo se crean las memorias celulares negativas?

La creación de bloqueos se enmarca dentro de dos posibilidades temporales:

🕭 *Las memorias recuperadas:* traumas vividos durante una vida anterior que nunca fueron tratados y que permanecen latentes, traumas transmitidos de padres a hijos a través del linaje transgeneracional hasta que puedan ser atendidos y liberados...

🕭 *Las memorias creadas en esta vida:* traumas intrauterinos creados durante los 9 meses en los cuales el niño siente y entiende todo a través del filtro de la madre, traumas infantiles y traumas de adultos. Ya que obviamente, si mañana te divorcias, lo más probable es que generes un nuevo recuerdo celular negativo por temor al compromiso o al abandono, etc.

Ahora que has entendido hasta qué punto tu memoria celular influye en tu vida cotidiana, pasemos a la vertiente energética: tu indicador energético fluctúa, dependiendo de diferentes factores como tu humor, tus emociones, tu entorno, tus acciones o cómo te alimentas. Pásate una tarde en un centro comercial en medio de la muchedumbre y lo más probable es que al terminar el día vuelvas totalmente agotado habiendo gastado todas tus reservas de fuerza vital. Imagínate entonces tu cuerpo energético rodeado por memorias aullando, reclamando que se ocupen de ella. Por lo tanto, tu índice energético se encuentra debilitado y menos propenso a alimentar cosas positivas en tu seno.

¿Entonces cómo incrementar el cuerpo energético y liberar la memoria celular?

Estas memorias son como niños pequeños que necesitan atención. Si dejas a un niño que ha tenido una pesadilla o se ha lastimado la rodilla llorar durante horas solo en un rincón, verás que guardará toda esa tristeza sin saber qué hacer con ella. Pero si te acercas a él, lo escuchas y tratas de entender su dolor, permitiéndole expresarse, observarás cómo el niño aceptará seguir adelante porque se sentirá escuchado y atendido.

A lo largo de este magnífico viaje, te invito a recorrer tu microcosmos celular, a apaciguar y escuchar cada una de las diferentes partes que componen tu ser.

A semejanza de la luna, que muere y renace cada mes transmutando lo que ya no necesita, vamos a experimentar y andar por un camino iniciático de liberación y emancipación, estructurado en 12 capítulos, cada uno compuesto de tres partes.

La luna nueva, repleta de promesas y perspectivas de cara al futuro, nos permite plantear nuestras peticiones y aceptar los beneficios generados por la abundancia, mientras que la luna llena se traduce como un periodo de liberación, a veces violenta, durante el cual abandonamos lo antiguo para dejar el terreno libre a la renovación.

Este periplo será como la luna: recorreremos cada una de tus esferas íntimas para liberarlas de lo que las mantiene encadenadas y oprimidas. En ocasiones algunos temas no te evocarán nada; no fuerces la situación, a veces no es el buen momento, vuelve a ellos cuando notes que lo necesitas. Así mismo, algunos segmentos del

libro no suscitarán ninguna respuesta en ti o pensarás que no te afectan: ten en cuenta el número considerable de vidas anteriores que viviste y los bloqueos inconscientes propios de tu linaje. Detrás de cada capítulo se esconden claves evolutivas insospechadas sobre bloqueos que a veces nunca fueron expuestos con claridad.

Este libro es una herramienta que se puede utilizar como guía para alumbrar tu camino, pero lo más importante es estar siempre escuchando tu intuición y tu percepción. No leas los capítulos de manera automática como un robot sin alma: vívelos disfrutando de cada uno de ellos. Experimenta de un modo consciente el tratamiento energético programado. Hallarás en ello una experiencia increíble que te conectará de nuevo de forma poderosa con tu yo interior.

¿Cómo funciona este libro?

Este libro se divide en 12 capítulos, cada uno centrado en la liberación de una esfera en particular:

El autosabotaje
Los chakras
La fuerza
La abundancia
La intuición
El amor propio (autoestima)
La conexión con el cuerpo
El amor, las relaciones
Las emociones
Los abusos sexuales
Las relaciones tóxicas
El perdón

En cada capítulo encontrarás tres partes definidas de la siguiente manera:

C Un texto explicativo que permite informar y tranquilizar a tu parte consciente y a tu espíritu para que cooperen durante el proceso de liberación establecido.

C Un tratamiento energético a través de la lectura meditativa; su contenido emplea la canalización espiritual mediante la escritura. Estas técnicas incluyen visualizaciones y palabras claves escogidas con esmero con el fin de ayudarte a liberar las memorias-obstáculo.

C Un conjunto de ejercicio a desarrollar para generar una energía nueva.

Cuando se fusionan la fuerza de la mente consciente y del inconsciente, alcanzas unas liberaciones mucho más profundas e intensas, dado que tu ser vibra al unísono con la energía del cambio.

¿Cómo funciona el tratamiento energético con lectura meditativa?

Este libro fue concebido para facilitar tu vida: no necesitas saber meditar y aún menos poseer un don para lograr este trabajo de liberación. Sencillamente y sin complicaciones sigue las indicaciones y déjate llevar. Antes de empezar cada tratamiento energético, bébete un gran vaso de agua: el agua es un conductor eléctrico que permite que el movimiento de las memorias celulares sea más fácil.

Instálate en un sitio acogedor y confortable, rodéate de calma y tranquilidad. Evita, por ejemplo, empezar tu viaje por la mañana si tienes que ir a trabajar, si tu carga mental pone en riesgo tu concentración, o al final del día mientras haces la cena y duchas a los niños. Ese momento que te ofreces tiene que ser un verdadero momento de relajación y de calma. Dado que la segunda parte de cada capítulo tiene que leerse en voz alta[1], favorece los momentos en los que te encuentras solo en casa para mayor comodidad.

¿Por qué hay que leerlo en voz alta?

Podrías también leerlo en silencio, en tu cabeza, el tratamiento funcionaría igual, pero la experiencia nos muestra (y estos tratamientos han sido probados desde 2017) que la fuerza de la voz, de tu voz, añade una dimensión más potente a la limpieza: cada palabra vibrará y entrará en resonancia con cada uno de tus cuerpos, el físico, el emocional, el mental y por último el energético.

---

[1] Las personas con problemas de audición pueden leerlo a su manera. Aunque la consonancia no sea idéntica, el tratamiento será el mismo, y aunque no puedas leerlo, funcionará.

¿Qué tengo que hacer durante la lectura?

No tienes que hacer nada en absoluto durante la lectura, salvo estar plenamente concentrado. El tratamiento se encuentra canalizado y programado a lo largo de las visualizaciones y las palabras utilizadas: leyendo abres las puertas de tu inconsciente, que recibe la información y la gestiona por su lado sin que tengas por tu parte que realizar ninguna acción suplementaria.

¿En cuánto tiempo se tiene que leer el libro?

Acompañándote a lo largo de tu proceso y evolución espiritual, este libro es un apoyo, solo depende de ti utilizarlo cuando sientas la necesidad de abrirlo. Te aconsejo, sin embargo, que llegues hasta el final de las tres partes que componen un mismo capítulo cuando lo empieces para poder así activar a la vez todas las palancas que accionan la limpieza. Puedes leer los capítulos a tu ritmo; algunas personas preferirán leer uno cada noche; otros uno por semana; no hay ninguna regla establecida.

¿Se puede leer varias veces?

Por supuesto, cada uno de los capítulos explora partes de ti que, de manera desigual, serán más o menos fáciles de limpiar; por lo tanto, en cuanto notes que lo necesitas, no dudes en releer las partes que te llegan e inspiran más. Algunas memorias celulares son más difíciles de liberar que otras y a veces algunos desbloqueos requieren más trabajo que otros.

¿Puedo liberar los bloqueos de mi memoria celular con otras herramientas aparte del libro?

Si deseas enfocar la liberación de los bloqueos celulares de manera más precisa, dos herramientas personalizadas y complementarias pueden serte útiles:

- *L'Oracle d'Ankaa*[2]: es un oráculo de liberación de la memoria celular y de los ánimos, permite conocer cuándo se creó tu bloqueo, por qué y cómo liberarlo. *L'Oracle de la flamme d'Ankaa* es la continuación del anterior y se especializa en la liberación de los bloqueos amorosos.

- Las joyas energéticas medeores[3]: estas joyas son programadas para liberar la memoria celular.

Llegados a este punto, ya estamos listos para empezar esta magnífica limpieza en tu propio ser, ¡buen viaje!

---

[2]   Le Courrier du Livre, 2020.
[3]   En venta en el sitio web: www.lesmedeoresdankaa.fr.

CAPÍTULO I

Liberación del autosabotaje
y reprogramación
de los esquemas de pensamiento

«La esclavitud más denigrante
es la de ser esclavo de uno mismo».

Séneca

¿A qué llamamos autosabotaje?

El autosabotaje actúa como una señal que indica que llevas en ti creencias limitantes forjadas sobre la base de experiencias durante las cuales no te sentiste como alguien que estuviera a la altura, como alguien que no mereciera que le ocurrieran cosas buenas. Este sentimiento de no valer nada, por el efecto de la bola de nieve, desemboca en otras creencias: «No merezco la felicidad, el amor, el dinero»; «Nunca podré ser un deportista profesional porque no soy tan bueno como los otros»; «Nunca llegaré a ser feliz en una relación», etc.

Estas creencias limitantes son como las sirenas de Ulises: cantan y te atraen con su dulce voz para que termines estrellándote contra los arrecifes. Estas voces son alimentadas por el ego, deseoso de mantenerte bajo su dominio, y por tu falta de confianza en ti, que les deja vía libre. Las solemos llamar el «síndrome del impostor».

No importa de dónde provengan las memorias celulares que han hecho que te construyeras con reflejos de autosabotaje a lo largo de todos esos años, lo fundamental es poder identificarlas y, cuan-

do el mecanismo está a punto de ponerse en marcha, contenerlas. La mayoría de las veces no alcanzamos ni a reconocer la existencia de esos mecanismos, porque consideramos todo esto como fruto de la mala suerte, o pensamos que sencillamente no tenemos las capacidades de conseguir un trabajo que deseamos, o una pareja que nos quiera de verdad. Por ejemplo, te autosaboteas si durante una primera cita te dedicas solo a hablar de una relación pasada o enfermas unas horas antes de acudir a ella.

En el trabajo, esto se puede manifestar a través de un mecanismo de procrastinación. Cuando llega el momento de entregar ese dosier tan importante que podría significar un ascenso en la compañía, te das cuenta de que nada está terminado. Nos autosaboteamos a menudo cuando nos encontramos contaminados por creencias limitantes y las dejamos ganar convencidos de no ser lo bastante inteligentes, guapos, divertidos, etc., para conseguir nuestros objetivos.

Con el fin de salir del círculo vicioso del autosabotaje, te invito a adentrarte en este poderoso tratamiento energético que te permitirá borrar y reprogramar tu inconsciente.

Desprogramar el inconsciente: tratamiento energético con lectura meditativa

Te damos la bienvenida a nuestro tratamiento de desprogramación del autosabotaje y de reprogramación positiva de la totalidad de tus pensamientos. Este tratamiento interactivo emplea tu conciencia y tu inconsciente en el plano mental, físico, emocional y energético. Déjate llevar por el sonido de tu propia voz y sumérgete en el corazón de tu mundo interior.

Te ves sentado sobre un sofá de color crema, con una ligera manta blanca y cálida sobre tus rodillas. Te hundes con suavidad en el sofá y colocas tus pies cómodamente. Cierras los ojos y tu respiración se ralentiza poco a poco a medida que la sensación de relajación se hace cada vez más presente. Sientes cómo te vas del todo cuando tu cabeza cae hacia atrás y tus manos se relajan sobre la mullida manta.

Te encuentras en un lugar increíble. Alrededor tuyo, decenas de árboles diferentes: robles centenarios, palmeras, alheñas te rodean. Unas flores completan este cuadro magnífico que la naturaleza te ofrece. En el cielo, el sol está en su zenit, puedes sentir cómo sus rayos calientan con suavidad todo tu cuerpo, al igual que una madre arropa a su hijo entre sus brazos.

Te sientes bien, estás en el aquí y en el ahora.

Nada tiene importancia, salvo tu voz y solo tu voz. Notas cómo tu cuerpo se relaja poco a poco a medida que el sol entra en cada una de sus células. A partir de ahora te encuentras en un estado de relajación completa y de ligera somnolencia consciente. Puedes visualizar tus 7 principales centros energéticos a ambos lados de tu cuerpo: el chakra raíz rojo, el chakra sacro ámbar, el chakra

del plexo solar dorado, el chakra del corazón verde, por encima el chakra de la garganta azul claro, seguido del tercer ojo azul oscuro, y para concluir el chakra coronal violeta. Cada uno está representado a tu alrededor por un halo con su color respectivo.

En el interior de cada halo, ves burbujas. Cada burbuja contiene un acontecimiento reciente que te ha contrariado.

¿Es una discusión que aparece bajo la forma de una película? ¿El final no fue concluyente? ¿Una decepción? ¿La espera de algo que no llega?

Todas esas burbujas están localizadas en todos tus chakras y ahí se pasean ocupando todo el espacio, haciendo imposible la correcta circulación de tu energía.

Vas a tener que limpiar tu situación interior antes de nada. Échate sobre la hierba fresca y mullida. En tu nuca puedes sentir el cosquilleo de sus briznas. Tu espalda está hundida en esa alfombra vegetal y te encuentras en un estado de total relajación.

Respiras profundamente tres veces:

Inspiras.
Espiras.
Inspiras.
Espiras.
Inspiras.
Espiras.

Ahora abres tu mano derecha y encuentras una multitud de pequeños globos hinchables. Coges el primero, lo hinchas mientras comunicas la intención de expulsar en su interior todo lo negativo presente en ti.

Repite en voz alta y para cada burbuja:

«Doy las gracias a la emoción ligada a este recuerdo por haberme avisado de que se encontraba todavía en mí y decido en conciencia dejarle ir».

Enganchas el pequeño globo a la burbuja y miras cómo ambos se elevan en el cielo. Haz lo mismo para cada una de ellas que contenga recuerdos negativos que te marcaron durante esa semana, ese mes o ese año.

Una vez concluida la limpieza, tus siete halos están despejados. En todos ellos visualizas cómo la energía de color rosa dorado revolotea y circula. Ahora toca enlazar todos los chakras juntos para conectarlos. Ves vibrar cada halo y su color con tal intensidad, que la energía generada se encuentra en plena expansión. De tanto crecer, la energía ensancha los límites de cada halo, que termina formando un contorno común que conecta todo tu ser como una burbuja gigante. Esta burbuja del color del arcoíris te rodea y te protege.

Puedes visualizar unos pensamientos externos dirigirse hacia ti, rebotan sobre esa burbuja y dan media vuelta. Esta esfera te protege de los ataques psíquicos y energéticos. Imagínate en su interior cada mañana cuando te despiertes y cada vez que y cada vez que te encuentres en una situación que te resulte incómoda.

Has terminado tu limpieza energética, a partir de ahora vas a poder anclarte. Levántate de esa alfombra mullida en la cual te instalaste perfectamente y ponte de pie.

Tus pies están separados y anclados al suelo. La burbuja de protección te sigue rodeando. Visualizas cómo la energía de la Tierra te nutre y te llena de su fuerza y amor. Te manda su energía telúrica, permitiéndote mantener los pies en la tierra, enraizarte y revitalizarte. Esta aparece bajo la forma de un humo rojo que se eleva del suelo y te rodea. Desprende un olor a madera reconfortante. Notas unos cosquilleos en los pies y en la parte inferior del cuerpo.

El viento acaricia después tus hombros y tu cara. La energía cósmica te aporta una serenidad inmediata; los astros y las estrellas te nutren con su clarividencia, su sabiduría y su calma.

Una fina lluvia de verano empieza a caer sobre tu cuerpo y moja tus pelos. La energía del agua limpia los residuos de las memorias negativas y te brinda su energía creadora y autolimpiadora, purificándote al instante.

Quédate unos minutos en ese estado de trance en el cual futuro y pasado ya no tienen cabida. Ahí estás, despejado de todo pensamiento parásito, los pies anclados en el suelo, recibiendo energía directamente de la fuente. Puedes quedarte en ese trance hasta que sientas que el anclaje ha concluido.

Para ello, vas a instaurar una señal tácita con tu inconsciente: **la validación de demanda.** Esta validación de demanda o *signaling* es una confirmación física dada por tu cuerpo cuando una lim-

pieza o una programación se efectúan en ti con el fin de validar que la petición ha sido enunciada y ha concluido.

¿Es el guiño del ojo derecho? ¿El sobresalto de tu mano? ¿Un dedo que se dobla? ¿Un hombro que se levanta?

Esto será decidido directamente por tu inconsciente; espera el tiempo suficiente en un estado de calma interior hasta que aparezca. Una vez activada esta recuperación de energía, puedes por fin pasar a la reprogramación de tu esquema de pensamiento centrado sobre el bienestar.

Flotando en el aire puedes ver una reproducción holográfica de tu cuerpo. Multitudes de células componen este segundo «tú»: forman la memoria celular que te acompaña desde tu primera encarnación hasta el día de hoy.

Esta memoria celular es similar a un ordenador gigantesco donde está almacenada toda la información sobre ti. Posee una multitud de archivos personales, de recuerdos, una papelera y también documentos mandados por las personas más cercanas. Tu ordenador interior necesita vaciarse con regularidad para poder funcionar y seguir adelante sin perder velocidad.

Ya hemos limpiado nuestros pensamientos de contrariedades energéticas y emocionales, vamos ahora a hacer lo mismo con nuestra memoria celular. Ahí está toda tu existencia, todas tus experiencias, heridas, encuentros y lecciones, todas las alegrías adquiridas a lo largo de tus sucesivas vidas, pero también tus esquemas de pensamiento. Nos centraremos ahora en estos últimos. Los esque-

mas limitantes crean una falsa realidad donde la mala suerte y las experiencias desagradables son el pan de cada día.

Tu memoria celular se encuentra siempre activa, funcionando sin cesar. Verificas una vez más con tu inconsciente que el trabajo puede seguir mediante una validación de demanda.

En cuanto aparezca la señal física, puedes seguir.

El holograma que te representa continúa delante de ti. Las células siguen dando vueltas sobre sí mismas y en estado activo de reprogramación. Puedes ver detrás de tu cabeza un cajetín. Ahí se encuentran almacenados tus esquemas de pensamiento.

Abres el cajetín.

Delante de ti, varios interruptores. Los tres primeros son de color rojo y se llaman respectivamente:

«Esquemas de pensamiento ajeno»
«Esquemas de pensamientos familiares»
«Esquemas de pensamientos de la sociedad»

Debajo de esos tres interruptores se encuentra aislado uno de color dorado etiquetado como «Esquema de pensamiento personal». Un último botón negro, llamado «Autosabotaje», se encuentra también encendido.

Empieza por apagar los tres primeros interruptores rojos dejándolos en posición de OFF. De esta manera, ya no permitirás a las otras personas imponerte un modo de pensar o influenciar de

forma indirecta tus intentos de evolución. A continuación, deja el botón negro del autosabotaje en OFF.

Puedes sentir manifestarse la señal de validación de demanda.

Una vez apagados estos cuatro interruptores, busca el interruptor de esquema de pensamientos personales. ¿Está encendido? ¿Apagado?

Si se encuentra apagado, enciéndelo poniendo la llave en modo ON. Si ya está encendido, entonces podrás empezar la reprogramación.

Vuelve a visualizar de nuevo el cajetín: los tres interruptores de los esquemas de pensamiento del mundo exterior están apagados, la llave relativa al autosabotaje desactivada y tu esquema de pensamiento personal está encendido.

A continuación, cierra el cajetín y dirígete hacia un ordenador gigante que se encuentra a tu derecha. En él puedes ver la siguiente frase escrita con letras grandes:

«REPROGRAMACIÓN DE MI ESQUEMA
DE PENSAMIENTO»

En la pantalla puedes ver una tienda en línea. En su interior, miles de libros disponibles: Sabiduría de la palabra y benevolencia; Puedo conseguirlo todo; Soy un ser formidable dotado de capacidades extraordinarias; Pensamientos positivos; Pensamientos, pensamientos cotidianos; Alimentarse bien y tener un cuerpo sano; Abundancia y ley de la atracción…

Todos estos títulos de libros están delante de ti, solo te queda por determinar qué libros deseas utilizar para tu reprogramación.

Puedes dejar volar libre tu imaginación: cada tomo que te llame la atención será añadido a la cesta. Tómate tu tiempo para definir lo que deseas programar y para identificar qué energía vibra con tus expectativas.

Una vez terminada la selección para la reprogramación, deberías tener una selección de libros que definan el nuevo estado de ánimo que deseas alcanzar: ¿has pensado con detenimiento en todo?

Pensamiento positivo, bienestar, cuerpo físico, relación con las demás personas, abundancia, gestión de las emociones, objetivos, alimentos, etc. Tu selección tiene que parecerse al nuevo «TÚ» que estás actualmente visualizando.

Una vez definida la nueva versión de «ti», ese nuevo «yo» positivo, calcado sobre tu definición del bienestar y de la plenitud, podrás validar el contenido de la cesta. Haz clic entonces sobre:

«DESCARGAR»

En ese instante, tu «yo» holográfico empieza a girar sobre sí mismo y la barra de descargas aparece en la pantalla del ordenador.

Mientras los porcentajes van desfilando, notas cómo un montón de datos se vuelcan dentro de ti. Un sentimiento nuevo te arropa, sientes la transformación desde el interior a la vez que observas cómo tu memoria celular se formatea. Algunas células desapare-

cen y dejan su sitio a otras nuevas. Ves con tus propios ojos esta transformación: células grisáceas dan paso a unas células de un azul muy claro.

La barra de descarga alcanzará el 100 % en cuanto se manifieste tu señal de validación de demanda. Una vez que esta última ha sido recibida, el holograma retoma su posición normal y la pantalla se pone en modo reposo.

Has concluido este importante trabajo interior de limpieza, de desprogramación y reprogramación intensa. Sabes que a partir de ahora vas a reaccionar de manera diferente frente a las situaciones. Nuevos anhelos se manifestarán, costumbres ancladas desaparecerán de un día para otro. Nuevos desafíos surgirán en tus pensamientos en los siguientes días.

Ya estás listo para volver a abrir los ojos. Podrás volver en cualquier momento a la tienda en línea y modificar la selección de libros para que correspondan lo mejor posible a tus deseos y tu evolución personal.

Reabres despacio los ojos, el sofá mullido sigue siendo igual de cómodo y acogedor.

Te levantas lentamente y te estiras. Ahora tienes un nuevo estado de ánimo, puedes descubrir y disfrutar de este nuevo «tú» al 100 % positivo y en armonía.

Reprogramar la conciencia

¿Quién se beneficia del crimen?

Te encuentras bloqueado en un esquema de autosabotaje. Por desgracia, eres el único testigo de la situación, ya que todo se desarrolla a un nivel profundo del inconsciente. **Pero entonces ¿quién es el culpable?**

Cada vez que cortocircuites un proyecto o una relación que significa mucho para ti, tendrás que averiguar el porqué de ello y quién es el verdadero instigador, el cerebro detrás del asunto que sacará rédito de esa situación.

A continuación, te invito a hacer la lista de las 3 últimas veces en las cuales te has autosaboteado:

Por ejemplo:

* He saboteado mi decisión de volver a hacer deporte.
* He saboteado mi decisión de dejar de comer dulces.
* He saboteado mi proyecto de abrir mi peluquería.

Una vez establecida la lista, busquemos el móvil del crimen:

Querías parar los dulces, pero no lo hiciste; ¿por qué?

- Porque los dulces me reconfortan cada que me veo sometido a un estrés demasiado intenso.

¿Querías volver a hacer deporte, pero no lo has hecho; ¿por qué?

- Porque tenía la impresión de que, a pesar de dedicarle mi empeño y buena voluntad, mi cuerpo no será jamás como yo quiero y que mis esfuerzos no sirven para nada.

¿Querías abrir una peluquería, pero no lo has hecho; ¿por qué?

- Porque es una mala época, se necesita mucho papeleo para que todo esté en orden y lo más probable es que suponga muchísimo trabajo.

¡Ahora que ya tenemos todos los elementos vamos a poder desenmascarar al culpable!

○ Necesitabas los dulces porque estabas sometido a un estrés intenso, el culpable no es otro que tu niño interior, que se sentía abandonado y encontraba en la comida un alivio y un consuelo instantáneo.

○ Tienes la impresión que el deporte no funciona contigo y no te aporta nada, el culpable no es otro que tu ego al colocar el listón demasiado alto y exigir de ti resultados inmediatos.

○ Te enfrentas a un bloqueo en tu proyecto de apertura de tu salón, el culpable no es nadie más que el miedo que te lleva a buscar decenas de excusas para no lanzarte.

Con el propósito de modificar la visión de cada una de estas situaciones, vamos a rellenar la tabla de los beneficios secundarios **que sacas de ello, buscando lo que se esconde detrás de cada bloqueo de protección de la manera siguiente:**

○ Cuando como demasiados dulces, engordo, pero me tranquiliza (beneficio secundario), prefiero sentirme mal en mi cuerpo en vez de en mi corazón.

○ Cuando abandono la actividad física, el deporte, me deprimo y me culpabilizo, pero me siento conforme y en consonancia con lo que experimento (actúo al unísono con ese sentimiento de baja estima y de falta de confianza en mí), y así consigo que ese conflicto interno cese.

○ Cuando renuncio a abrir mi peluquería, me tranquilizo (el peligro que implica todo ese alboroto, esa alteración, se aleja) y me siento de nuevo seguro recobrando mi rutina.

Siempre encontramos beneficios cuando elegimos una opción, los beneficios secundarios son a menudo el vínculo que nos une a nuestra mentira interior:

Por ejemplo, una mujer que ya no ama a su marido puede preferir seguir sufriendo manteniendo esa relación antes que perder todos los bienes materiales y el tren de vida que posee (en la escala del sufrimiento, quedarse con su marido le resulta menos doloroso que quedarse sin dinero).

Haz la lista a continuación de lo que te aportan los beneficios secundarios de tus tres problemáticas.

Relee regularmente tus respuestas para no permanecer en la negación de tu propio sabotaje. Cada vez que notes que recurres a una «excusa», cámbiala por una verdad.

CAPÍTULO 2

Armonización
de los 7 chakras

«La vida no es
un equilibrio provisional,
es un desequilibrio permanente».

Josiane Coeijmans

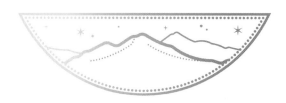

Nuestros centros energéticos son múltiples y variados, poseemos varios tipos. Hoy nos dedicaremos a los 7 chakras primarios.

Cada uno de los chakras está asociado con varios aspectos de tu ser y puede afectar a tu vida diaria si se ralentiza o, por el contrario, si está hiperestimulado.

Este es un resumen de los 7 chakras y sus efectos en caso de hipo- o hiperestimulación:

Chakra raíz

Hipoestimulación:
- Miedo, falta de seguridad en sí mismo
- Necesidad de compensar con la comida
- Evasión del día a día en las adicciones (videojuegos, alcohol, drogas, comida)
- Actitud pasiva, procrastinación

Hiperestimulación:
- Hiperactividad; dificultades para disfrutar del momento presente
- Ira, autoritarismo
- Violencias

Chakra sacro

Hipoestimulación:
- (Problemas ginecológicos/urinarios
- (Sexualidad retenida, bloqueada
- (Autoestima débil
- (Prohibición de agradarse

Hiperestimulación:
- (Sensibilidad exacerbada
- (Sexualidad no consumida en toda conciencia
- (Apego afectivo excesivo a la otra persona
- (Consumo desmedido de placeres

Chakra del plexo solar

Hipoestimulación:
- (Falta de confianza en sí mismo
- (Procrastinación
- (Bloqueo de las emociones, aislamiento
- (Falta de autoafirmación
- (Derrotismo

Hiperestimulación:
- (Sobrevaloración de sí con consecuencias tóxicas
- (Sentimiento de superioridad
- (Controlador
- (Egoísmo

Chakra del corazón

Hipoestimulación:
- Celos, carácter posesivo
- Soledad mal asumida
- Desconfianza
- Necesidad de tranquilizarse levantando barreras a la otra persona
- Temor al abandono

Hiperestimulación:
- Sacrificio de su felicidad por los demás
- O la inversa: egoísmo exacerbado
- Peticiones excesivas a tu pareja
- Exigencia, severidad

Chakra de la garganta

Hipoestimulación:
- Dificultades a autoafirmarse, a decir no
- Carácter fuerte, pero sin conseguir hacerse respetar
- Gran timidez
- Ansiedad

Hiperestimulación:
- Falta de seguridad en sí mismo compensada por la voz
- Presencia del ego, tendencia a querer tener «la última palabra»
- Agresividad, palabras duras
- Mala fe, reconocer con dificultad sus errores

Chakra del tercer ojo

Hipoestimulación:
- Intelectualización de todo
- Cortocircuito de la intuición
- El ego lo ocupa todo
- Desajuste
- Materialismo y pérdida de la búsqueda espiritual

Hiperestimulación:
- Espiritualidad excesiva
- Ego espiritual
- Búsqueda con carácter adictivo del sentido de la vida
- Desconexión de su reencarnación mediante el rechazo de encarnarse plenamente

Chakra de la corona

Hipoestimulación:
- Victimización
- Arraigo excesivo, solo se piensa en lo material
- Desconexión absoluta de lo espiritual

Hiperestimulación:
- Pérdida de las referencias
- Problemas de salud mental que pueden llegar a alterar la razón
- Desalineación, cuestionamiento

Relájate, vas a armonizar de nuevo toda la energía que fluye por tu cuerpo.

«Hasta que no hagas consciente
lo inconsciente, dirigirá tu vida
y lo llamarás destino».

Carl Gustav Jung

Desprogramar el inconsciente

EL CHAKRA RAÍZ

¿En qué casos podemos considerar que el chakra raíz está bloqueado?

Las dificultades para estar anclado, estable, así como los miedos demuestran una disfunción del chakra raíz. De hecho, este es el chakra de la supervivencia y la seguridad.

Si un niño ha sentido que sus necesidades no han sido escuchadas y se encuentra en una situación de necesidad afectiva, material o emocional durante sus primeros años, entonces se producirá un trastorno en el chakra raíz. En este tratamiento, vamos a limpiar los lazos relacionados con la madre y el padre, pero también a acentuar el anclaje para conectar de nuevo con tu encarnación dentro del marco del amor y no en el del miedo.

El chakra raíz es el más importante, porque es el que te conecta con la tierra y con tu encarnación. Si trabajas tu espiritualidad, pero no estás anclado en la materia, estás desconectado y la energía ya no consigue circular libremente en tus diferentes cuerpos: físico, emocional y energético.

Juntos y con el apoyo del viaje meditativo despierto, te transportaremos a tu subconsciente para liberar los bloqueos, miedos y otros viejos patrones que te impiden anclarte realmente.

El chakra raíz está relacionado con los miedos y la familia. Ahora entiendes por qué es vital ocuparse de él, porque sirve de fortificación a los otros seis chakras y a tu ser en su totalidad.

Acabas de abrir la primera página de libro de tu viaje en el corazón de tus 7 centros energéticos, te doy la bienvenida a este tratamiento energético de desbloqueo del chakra raíz. Haz tres grandes inspiraciones y suelta el aire despacio, el tratamiento empieza...

Estás en un lugar desconocido, situado entre tu realidad y tu mundo invisible y oculto. En esa parte de ti, se encuentra lo que te impide ser feliz, pero también las claves para liberarte de esas situaciones problemáticas.

Delante de ti se materializan siete agujeros en el suelo. Te acercas al primero, es rojo y resplandeciente. Al llegar frente a ese agujero, encuentras una escalera de mano que te invita a bajar al interior de tus cuerpos energéticos y emocionales. Te sientes ligero y tranquilo por poder realizar este encuentro contigo mismo.

Un peldaño tras otro vas bajando por la escalera y pronto aterrizas en una pequeña ciudad roja. Todos los elementos del paisaje se encuentran teñidos de rojo, del más claro al más oscuro. De hecho, notas cómo tu chakra se activa cuando penetras en ese lugar.

Pasas delante de una casa en ruinas; el techo está en buen estado, pero los cimientos apenas aguantan. Ya nadie trabaja en la obra. Sientes que tienes que avanzar hasta el edificio al fondo de la plazoleta. Es una comisaría. Te asomas y echas un ojo al interior. Del fondo del pasillo llegan unos ruidos. Te acercas tímidamente y eres testigo de una extraña escena.

Todos tus miedos se encuentran encerrados detrás de los barrotes de aquel edificio. Golpean, aúllan pidiendo que alguien los libere, pero nadie tiene la llave. Ahora puedes ver y hacer una lista de todos tus miedos detrás de esas rejas. Están todos ahí. Reconoces a la mayoría, ya que te codeas con ellos a menudo en circunstancias normales. Pasas la mayor parte de tu tiempo en su compañía en esas celdas sin darte cuenta de ello. Sientes una llamada del exterior. Sigues tu intuición mientras observas los coches aparcados a lo largo del camino y el decorado color rubí. Llegas delante de una casa que conoces bien. Es ahí donde te criaste. A través de las ventanas ves a tus padres o los que encarnaron ese rol durante tu infancia.

Entras.

Tus padres están ocupados limpiando y ordenando la casa. Tu padre quita el polvo de los muebles mientras tu madre dobla la ropa. A su lado, notas la presencia de ese niño o niña que observa con preocupación y perplejidad a sus padres. Parece no entender la escena.

Descubres que todos están unidos por un hilo enredado. Llevan igualmente cadenas en las muñecas. Realizan sus tareas con dificultad. Adivinas que ese niño eres tú. Intenta entender los comportamientos paradójicos de sus padres y se siente perdido. Espontáneamente coges al niño en tus brazos.

En ese momento, la pequeña persona que eras adquiere tu madurez y tu experiencia vital y se percata de que sus padres estaban

demasiado unidos a sus sufrimientos para poder darle lo que necesitaba.

La etapa de la infancia que transcurre hasta los siete años es un periodo durante el cual el niño necesita ser tranquilizado y protegido con el objetivo de no desarrollar ningún miedo. En tu cabeza todo se pone en marcha: cortas el hilo que une a tus dos padres y a tu niño interior y les retiras las cadenas, mientras les dices que les perdonas por no haber podido o no haber sabido aportarte esa seguridad que tanto necesitaba tu niño interior.

Sales de la casa y vuelves a la comisaría.

Esta vez, no dudas, Ya no temes nada. Te diriges directamente al fondo, pero descubres que las celdas están vacías. Ya no hay nadie, tus miedos han desaparecido. Sientes cómo tu chakra raíz se activa más. Notas cómo gira perfectamente.

Pronto te tocará subir de nuevo a la superficie de tu conciencia. Decides pararte en un parque ubicado cerca del sitio por donde entraste.

Pides a la tierra que te permita anclarte de manera profunda y duradera. Tus pies se hunden en la tierra blanda y fresca y sientes que la energía del chakra rojo te rodea.

Sabes que a partir de ahora podrás volver a este sitio para revitalizarte cuando lo desees y que tu chakra está otra vez conectado con la energía de la tierra.

De nuevo pasas delante de la casa en ruinas y notas que ha sido reformada. Los cimientos vuelven a ser fiables y sólidos. No observas ninguna fisura y ves que el cemento sella toda su base. Una pequeña placa brillante te llama la atención. Te acercas y lees tu nombre y apellidos. Esa casa eres tú. Tomas conciencia de hasta qué punto has reconstruido tus bases y de lo mucho que has ganado en fuerza.

Usas la escalera esta vez para volver a subir sosegado, lleno de confianza y seguro de ti mismo. Cuando alcanzas la superficie, sientes que tu vida ya no será jamás como antes, **acabas de experimentar una liberación profunda y potente.**

«Se son rose fioriranno,
se son spine pungeranno.»

(«Si son rosas florecerán,
si son espinas punzarán».)

Refrán napolitano

CHAKRA SACRO

Este chakra está asociado a los placeres y a tu capacidad de permitírtelos. **También regula tu faceta emocional y la sensual.** Define la manera en que te relacionas con otras personas.

Maltratado, este chakra acarrea adicciones físicas (drogas, alcohol) o afectivas (depender de una persona, rechazo a la soledad). Sede del niño interior, es importante tranquilizarlo para que no se vea abrumado por sus emociones.

Desequilibrado, este chakra provoca una falta de armonía entre lo femenino y lo masculino sagrados que, por un efecto espejo, podrá repercutir en tus relaciones.

El chakra sacro rige tu relación con la sexualidad, con lo masculino y lo femenino sagrados, con la pareja, con la gestión de las emociones, con la autoestima. Todos estos aspectos son fundamentales en la construcción de tu ser. Después del chakra raíz, el sacro sigue edificando los cimientos hasta el último chakra en la cima de la cabeza que te permite librarte de trabas y ser tú mismo sin artificios, sin concesiones ni sacrificios. Es importante asegurarse del buen funcionamiento de todos esos centros energéticos para alcanzar una armonía total.

Acabas de llegar a la segunda página del libro de tu viaje, te doy la bienvenida en este tratamiento energético de desbloqueo del chakra sacro.

Estás en un lugar desconocido, situado entre tu realidad y tu mundo invisible y escondido. En esa parte de ti, se encuentra lo que

te impide ser feliz, pero también las claves para liberarte de esas situaciones problemáticas. Frente a ti, los siete agujeros siguen presentes en el suelo. Te acercas al primero, es rojo y gira de manera armoniosa. Es tu chakra raíz, profundamente arraigado en la tierra. Te diriges entonces al segundo agujero. Es de color naranja vivo, es la entrada al chakra sacro. Reconoces la escalera de mano que lleva a tu núcleo interior. Te sientes ligero y relajado al pensar que vas a realizar este encuentro contigo mismo y vas bajando, un peldaño tras otro, alcanzando sutilmente niveles más profundos de tu fuero interno.

Al poner el pie en el suelo, tu primera impresión es de suavidad y delicadeza. Estás en un capullo teñido de una luz naranja ligera y difusa. Las paredes son algodonosas, es como estar dentro de un útero, en el seno de una matriz suave y acogedora. Entiendes que estás en el corazón de tu yo interior y empiezas a visitarlo.

Una puerta se interpone ante ti. Detrás de esa puerta se encuentra toda una variedad de cosas apetecibles y ricas: comida, vino y abundancia bajo todas sus formas. Percibes enfrente de ti una persona muy atractiva observándote. Tienes muchas ganas de abrir esa puerta y gozar de todos esos placeres, pero notas la presencia de varias serpientes cerca de la entrada bloqueando el paso, además de unas gruesas cadenas que traban la puerta. Echas un último vistazo a la escena y dejas atrás esa mesa surtida de platos apetitosos y esa bandeja de naranjas que tanto te llamaron la atención.

Esquivas las paredes fibrosas y apartas la mirada de los velos algodonosos anaranjados que invaden el lugar. Cuanto más avanzas, más obstruido está el camino y más tienes que abrirte

paso. Por fin llegas a una pequeña estancia a media luz. Ves a una joven de cuclillas, postrada. Parece desilusionada y ni levanta la cabeza al notar tu presencia. De espaldas a ella, un hombre vestido de caballero medieval se yergue y golpea el aire con su espada de manera incontrolable.

Llegas a la conclusión de que esas dos personas son tu femenino y tu masculino sagrados. Ninguno de los dos consigue actuar de acuerdo con su papel, y tu identidad se ha perdido por el camino.

Levantas a la joven mujer y materializas una corona de flores que colocas en su cabeza para darle de nuevo su papel de mujer cariñosa y fuerte. Luego, te giras hacia el hombre y con calma pones la mano sobre su espada y la cambias por un lazo de seda naranja. Instintivamente, el hombre se da la vuelta hacia la mujer y ata las muñecas de ambos juntas.

Un sentimiento de pertenencia y de unidad te invade, ahora ya sabes que los dos polos de tu ser están en armonía y caminan de la mano.

Das las gracias a la mujer joven, por el cariño, la intuición y la sabiduría que te brinda de continuo, y al hombre por su valor, por activar tus deseos y por su fuerza.

La sensación de oscuridad se esfuma poco a poco, sientes cómo una energía se apodera del lugar mientras la pareja se aleja.

Avanzas hacia el fondo de la estancia y ves un espejo. Está agrietado y algunos trozos yacen esparcidos en el suelo. Echas un vistazo a la superficie reflectante. Es el espejo de la confianza en sí mismo.

Animado por la curiosidad, te sitúas delante de él. Al mirar con detenimiento, aparece la imagen de un gatito asustado. Atraviesas el espejo y coges el animal en tus brazos. Lo acunas con delicadeza, susurrándole que ya no tiene que tener miedo y que su poder está dentro de él, oculto. Al oír esas palabras parece recuperar su vitalidad y tranquilizarse. Sales del espejo y decides abandonar la estancia. Al mirar atrás una última vez, puedes ver detrás del espejo un majestuoso león erguido sobre sus patas.

Un largo conducto energético de color naranja que parte del corazón nos lleva hasta el chakra sacro. Sientes cómo esa energía se ancla en ti. **El poder y la confianza en ti mismo han sido reprogramados dentro de tus circuitos energéticos y emocionales.**

Pronto habrá que volver a subir. Recorres el camino a la inversa y de nuevo estás delante de la puerta prohibida. Las serpientes siguen ahí. Dudas si entrar, pero de repente tu conducto energético naranja crece, la fuerza del león recién adquirida hace añicos las cadenas que bloquean la puerta. Tu aplomo hace que las serpientes desaparezcan. Te sientes fuerte y poderoso, a partir de este momento nada te asusta, sabes que ya no estás solo.

Empujas la puerta y entras en un mundo increíble. Todos los placeres posibles se encuentran ahí, decides deleitarte con todo lo que te apetece. Los bloqueos que prohibían el placer puro han saltado por los aires, has retirado las creencias y las memorias bloqueantes que a veces no te dejaban disfrutar de las cosas sencillas.

La persona que viste al pasar delante de la puerta por primera vez se acerca a ti. Sientes una energía hecha de consideración y

amor mutuo. Sabes que ahora tu esencia sagrada será respetada, puedes abandonar los miedos, la vergüenza y la culpabilidad que pesaban sobre tu sexualidad. La reunión de tu masculino y de tu femenino sagrados te ayuda ahora a escoger parejas sinceras y respetuosas con las cuales podrás plenamente abrirte sexualmente, con el fin de dejar interactuar las energías comunes. Sientes que puedes confiar en la otra persona, dejarte llevar y relajarte por completo sin temor al juicio ajeno.

Podrás acceder a este mundo cada vez que sientas que vayas a tomar, o hayas tomado, una decisión que no respeta tu masculino o femenino sagrados. Puedes regresar tantas veces como sea necesario para extraer esta energía hecha de respeto y de amor puro.

Te diriges hacia la salida con el corazón más liviano. Todas las memorias erróneas ligadas al amor o al sexo, las experiencias traumatizantes en las cuales no pudiste o supiste respetarte, permanecerán aquí. Todas aparecen bajo la forma de una vela. Enciendes la mecha y dejas que el lugar las consuma para poder así borrarlas.

Subes despacio la escalera, y mientras vas dejando atrás un peldaño tras otro, sientes tu chakra sacro rebosante de fuerza y potencia. Es un nuevo tú que sale de este profundo encuentro. Eres consciente de que acabas de experimentar una poderosa liberación.

Puedes permanecer en este estado de bienestar y dejarte mecer por una luz naranja y meditar durante unos minutos sobre este sentimiento de liberación.

«Sigue golpeando,
porque la alegría, por fuerza,
terminará abriendo una ventana
para saber quién está ahí».

Rumi

CHAKRA DEL PLEXO SOLAR

Este chakra está unido al sistema digestivo. Ahí se alojan las emociones cuando son reprimidas y retenidas por la esfera mental, como por ejemplo las experiencias no aceptadas.

La principal función del plexo solar es la acción. Te permite relacionar tus anhelos con tus acciones. Si está desequilibrado, te impedirá llevar a cabo tus proyectos. Además, puedes caer en tales extremos como convertirte en un manipulador con tal de conseguir el control de otra persona, o al contrario, ser una víctima fácil de una manipulación. Puedes sentir que ese chakra funciona cuando consigues afirmarte con facilidad sin buscar querer estar por encima del otro.

Si te sientes trabado y tienes la impresión de estar perdiendo el tiempo dando vueltas sin conseguir poner en marcha tus proyectos, es hora de ocuparse de tu plexo; las probabilidades de que se encuentre bloqueado son muy altas.

Gracias al apoyo del viaje meditativo consciente, juntos vamos a transportarte dentro de tu subconsciente con el objetivo de liberar los bloqueos, los miedos y otros viejos esquemas que te impiden poder ser verdaderamente tú.

El chakra del plexo solar es el que controla tu relación con las otras personas y tu poder. Perturbado, te retira la capacidad de decidir por ti mismo y te ahoga en emociones de ira, de vulnerabilidad o incluso te lleva a emitir juicios sobre tu entorno.

Acabas de iniciar la tercera página del libro de tu viaje, te doy la bienvenida en este tratamiento energético de desbloqueo del chakra del plexo solar.

Estás en un lugar desconocido, situado entre tu realidad y tu mundo invisible y escondido. En esa parte de ti, se encuentra lo que te impide ser feliz, pero también las claves para liberarte de estas situaciones problemáticas.

De nuevo te encuentras en ese sitio en el cual no transcurre el tiempo, con siete agujeros frente a ti. Los dos primeros están coronados por dos esferas, una de color rojo y la otra naranja, ambas girando resplandecientes de manera equilibrada. Son tus chakras raíz y sacro. Te diriges hacia el tercer agujero: el camino que lleva a tu chakra del plexo solar. El color amarillo brilla deslumbrante y te invita a agarrar la escalera de mano que te lleva a ese mundo interior.

Te sientes ligero y tranquilo al poder realizar este encuentro contigo mismo y vas bajando, un peldaño tras otro, alcanzando sutilmente los niveles más profundos de tu fuero interno.

Al llegar a este mundo desconocido, una cosa erguida delante de ti te deja asombrado. Un dragón de dos cabezas te está encarando, atado a una cadena unida a un vórtice.

La primera cabeza de la criatura es escalofriante. Esta faceta del dragón escupe fuego, y desde donde estás llegas a notar su calor. Está furioso e intenta deshacerse violentamente de las cadenas. La segunda cabeza está agazapada. Este lado del dragón se mues-

tra temeroso, sus ojos son tristes, parece haber sido maltratado, se le nota sumiso. Con destreza rodeas el centro de la estancia, bordeando los muros, y abres la única puerta que se encuentra del otro lado.

Al cruzar esta puerta, te encuentras en un laberinto. Los espejos se extienden hasta el infinito, ni siquiera alcanzas a ver la salida. Empiezas a avanzar y topas con un señor mayor. Este te indica el camino. Después, a merced de las puertas, unos vecinos te siguen señalando por dónde ir.

Al cabo de dos horas todavía estás bloqueado en el laberinto. Caes en la cuenta de que has cedido tu poder a otras personas que tampoco sabían cómo salir del laberinto, ¡porque todavía estaban atrapadas allí!

Decides llamar al ángel de la confianza en uno mismo. Aparece y pone una mano sobre tu plexo. Sientes que una energía solar te invade y empiezas a elevarte. Despacio, crece en ti el pensamiento de salir de aquel lugar y tus pies se despegan del suelo. En unos pocos minutos, te encuentras flotando por encima del laberinto. Retienes la lección siguiente: nadie más que tú sabe lo que es bueno para ti y tienes que usar tu poder personal para avanzar por tu camino en la vida.

Pones un pie en el suelo y llegas a una estancia vacía. Barres con la mirada de un lado a otro la habitación. No hay nada.

De repente, algo te golpea la cabeza. Mientras te agarras la cabeza, miras buscando al culpable. No hay nadie. Un segundo y luego un

tercero golpe no tardan en producirse. Estás enfadado. Te agitas y de repente te transformas. Girándote hacia el espejo del laberinto, ves que has tomado la apariencia del dragón furioso. Tu ira te ha transformado. Esclavo de esta, no eres capaz de recuperar un semblante normal y pierdes el control buscando al culpable en el vacío. Al cabo de unos minutos, te serenas y tu cuerpo se transforma de nuevo. Ahora has tomado la apariencia de la segunda cabeza de dragón, encogido y quejumbroso.

Esta vez apelas al ángel de la claridad y de la comprensión. Se manifiesta a tu lado y te muestra lo que antes era invisible en la estancia: unas grandes vigas enganchadas en el techo que se balancean yendo y viniendo, cruzando con rapidez la habitación entera.

Comprendes entonces que **esas vigas representan tus miedos**. Son ellos los que a diario te hieren varias veces, surgiendo de repente de la nada y sin poder ubicarlos. **Tus miedos modifican tu estado de conciencia a lo largo del día.**

Comprendes que el primer dragón representa la ira, que nace en cuanto no consigues dominar tus miedos. Del mismo modo, el segundo es el dragón víctima que no duda en cargar a otros la culpa de sus errores, sin responsabilizarse.

Pones la mano sobre tu plexo y usas la energía del poder recién adquirido para que aparezca un centro de control en una pared. Desactivas el balanceo de las vigas y las haces desaparecer en los muros.

A partir de ahora, sabes que utilizarás la energía del poder y de la responsabilización en vez de la ira y la victimización. Sientes el aumento del nivel de tu indicador de energía solar y desandas tu camino por los aires.

Recaes en la estancia inicial, donde los dragones han desaparecido al igual que el vórtice. Solo queda un pequeño buda sobre el suelo, rodeado de velas y varillas de incienso. Sientes al sabio anclado dentro de ti, capaz de decidir con calma y serenidad. Sabes que de aquí en adelante, en los momentos de enfado o de ensimismamiento, este sabio ubicado en el plexo sabrá elegir con acierto.

Ya no estás solo.

Enciendes las velas y el incienso para que esa verdad llegue a ti progresivamente y das las gracias al buda por su ayuda.

Retomas el camino de la escalera, sintiéndote fuerte y poderoso a la hora de decidir. Sereno y tranquilo, subes uno a uno los peldaños que te permiten volver a tu estado de conciencia normal. Sabes que puedes regresar cada vez que sientas que la ira o la queja irrumpen en ti. Es un nuevo tú el que emerge de este profundo encuentro, y eres consciente de haber vivido una liberación poderosa.

Puedes permanecer en este estado de bienestar y dejarte mecer por la luz amarilla y meditar algunos minutos sobre este sentimiento de liberación. Piensa en beber mucho a lo largo de los próximos días y relee este texto cada vez que sientas la necesidad de ello.

«Y aquellos que bailaban fueron considerados locos por aquellos que no podían oír la música».

Friedrich Nietzsche

CHAKRA DEL CORAZÓN

El chakra del corazón es el nexo entre los chakras terrestres y los chakras celestes y unifica el alineamiento de cada persona. Representa la facilidad con la cual nos unimos con otros seres, la empatía, la compasión, la aceptación del luto y el perdón.

Si este chakra está cerrado, las actitudes introvertidas como la acritud, los celos o la maldad son frecuentes. **Sin la apertura del corazón no hay unión con uno mismo ni con los demás.** Otras consecuencias pueden derivar de ello, como el estar siempre a la espera de la aprobación ajena, o el encarnar el papel de rescatador en ayuda de los demás con tal de huir del hecho de que es uno mismo a quien hay que cuidar.

Acabas de iniciar la cuarta página del libro de tu viaje, te doy la bienvenida en este tratamiento energético de desbloqueo del chakra del corazón. Estás en un lugar desconocido, situado entre tu realidad y tu mundo invisible y escondido. En esa parte de ti, se encuentra lo que te impide ser feliz, pero también las claves para liberarte de esas situaciones problemáticas.

Frente a ti, en el suelo, siguen presentes los siete agujeros. Te acercas y observas que los tres primeros representan los chakras unidos al suelo. El cuarto es el que te une en tu totalidad a los otros tres chakras de arriba. Te encuentras delante de la entrada de tu chakra del corazón. Observas la esfera verde girando sobre su eje encima del agujero y atisbas una escalera de mano. Te sientes ligero y relajado al pensar que vas a realizar este encuentro contigo mismo y te adentras, un peldaño tras otro, alcanzando

sutilmente niveles más profundos de tu fuero interno. Tus pies llegan al suelo y te das cuenta de que te tambaleas. Estás en un barco. El chakra del corazón está unido al elemento aire y sientes cómo la brisa del mar, cargada de salitre y agua, te acaricia la cara. Te tienes que agarrar para no caerte. Tu corazón está en plena tormenta.

Avanzas hacia la proa del barco, la niebla espesa no deja ver el horizonte. Sabes que eres el capitán de esta embarcación y que habrá que aprender a maniobrarla de manera armoniosa y equilibrada. Ves la puerta de un camarote y te diriges hacia ella. Es un espacio pequeño, y una cama estrecha y deshecha lo ocupa casi todo. La exigua estancia te provoca algo de desasosiego y malestar, sales y entras en la siguiente. Está vacía, no hay nada dentro. Sales de ella.

Un poco decepcionado por la visita y agobiado por los movimientos del barco que no cesan, decides bajar a la sala de máquinas.

Al penetrar en ella, de repente te ahogas. Nubes de vapor se escapan de unas tuberías y no sabes para qué sirven todos esos botones y mandos a tu alrededor.

Dos gruesas palancas llaman tu atención. Parecen oxidadas. Al acercarte, te percatas de que accionan las dos grandes tuberías de la caldera que propulsan el barco. Sin embargo, las palancas están bajadas y las tuberías inertes.

Entiendes que la sala de máquinas representa el uso que haces de tu chakra del corazón. Las palancas accionan el flujo energético entre tú y los demás, la energía está bloqueada y el barco no puede

navegar por sí mismo, porque también necesita de otras personas para avanzar con mayor facilidad.

Accionas cada palanca una tras otra y ves el fluido verde nebuloso reactivarse en las tuberías conectadas. Al mismo tiempo, el movimiento del barco te sacude cuando se pone en marcha. Las tuberías siguen intercambiando este fluido verde y sientes en tu chakra del corazón la apertura hacia los demás. Ya no hay más miedos, solo permanece una reconexión poderosa.

A partir de ahora ya sabes que puedes abrirte a la gente sin miedo, que puedes mostrar empatía, benevolencia, escuchar sin temor a sufrir y no ser entendido. Te sientes uno con los demás, aceptas poder contar con ellos y que pueda existir un intercambio sin necesidad de protegerse.

Listo y con las energías renovadas, vuelves a subir al nivel superior y vuelves a los camarotes. Al entrar ya no sientes ese desasosiego anterior: la mampara entre las dos estancias ha desaparecido, es un espacio ventilado y agradable. La pequeña cama se ha transformado en una enorme cama de dos plazas, acompañada de dos mesillas y dos aparadores. Por fin has aceptado hacer sitio para alguien en tu vida. Emites una señal y una vibración de acogida del ser amado y esta se extiende desde tu chakra del corazón a todo el universo de los posibles. Puedes incluso observar cómo las ondas se extienden hasta el infinito. Sabes que ya estás preparado para conocer a tu alma gemela, y cuando ella misma lo esté, será a su vez capaz de captar esas vibraciones de amor puro que emites.

Decides decorar el interior del camarote con los colores del amor y de la armonía: colocas ramos de rosas y lirios blancos, velas

perfumadas con aroma a almizcle blanco, y sobre las paredes de la estancia, fotografías enmarcadas de parejas que a todas luces llevan una vida plena y son felices.

Has terminado de personalizar tu nido de amor. Sales y concluyes la exploración del barco. Desandas el camino hasta la parte trasera del casco y encuentras una extraña forma en el suelo. Algo se oculta bajo una lona de yute.

Te acercas con sigilo y levantas la lona y descubres a un niño que llora. Reconoces de inmediato a tu niño interior porque lleva la ropa y el corte de pelo que corresponde al periodo de tu niñez durante el cual tu chakra del corazón fue dañado. Has conseguido remontar el tiempo hasta él. Le ayudas a librarse de esa manta improvisada y le coges la mano.

El niño empieza a explicarte la causa de su llanto. Alguien lo sacó con violencia de su cabina, en la que se encontraba cómodo y abrigado, para dejarlo sobre el puente durante la tormenta. Asustado y solo, prefirió esconderse a la espera de que la tempestad se alejase. Le explicas que él es quien decide, quien tiene el control incluso de las inclemencias y le revelas que de hecho él es el capitán del barco. Lo llevas en brazos hasta la proa y le enseñas los mandos de la embarcación. Hay dos asientos y dos timones. Te instalas detrás del que tiene escrito en un rótulo «Madurez y responsabilidades» y maniobras el barco para que deje de tambalearse de un lado a otro. Indicas al niño que tiene que sentarse en el segundo asiento, detrás del timón, donde pone «Emociones y bienestar interior».

Se sienta con timidez, y empieza a manejar el timón imitándote. Mientras en el cielo han dejado de caer rayos y la niebla se levanta

para dejar paso a un magnífico sol y un cielo despejado, entiendes que a partir de ahora tu niño interior será capaz de apaciguar sus emociones, ya que el adulto presente en ti le guiará y tranquilizará. El resto del viaje te permite sentir lo que ocurre cuando tu mundo interior se encuentra sereno y tranquilo. Aprovechas esta sensación de libertad navegando sobre aguas sosegadas, cuando notas que el barco ha tocado tierra. Dices adiós a tu niño interior y él vuelve a reponer sus fuerzas en la cabina del amor.

Desembarcas en tierra firme y reconoces la escalera que permite la salida de tu mundo del chakra del corazón. Coges un puñado de arena fina y la dejas caer entre tus dedos. Memorizas esta sensación de dejarse llevar y de serenidad en lo que respecta a tus emociones. Sabes que, al igual que los granos de arena, el amor está presente en cantidades infinitas, que no sirve de nada querer atraparlo o guardarlo, solo es necesario apreciarlo cuando está ahí y aceptar que se vaya cuando las ganas y la voluntad han desaparecido.

Con un sentimiento de paz subes la escalera, un peldaño tras otro. Sabes que acabas de vivir un momento mágico en el núcleo de tu ser. Puedes volver allí cada vez que emocionalmente te sientas confuso y perdido. Tu cabina de amor puro te estará esperando siempre para aportarte bienestar y equilibrio.

Emerge un nuevo tú de este profundo encuentro, eres consciente de que acabas de vivir una poderosa liberación.

Puedes quedarte en este estado de bienestar y dejarte mecer por la luz verde y meditar algunos minutos sobre este sentimiento de liberación.

«La felicidad es seguir
deseando lo que ya se posee».

San Agustín

EL CHAKRA DE LA GARGANTA

Este chakra representa nuestra capacidad de comunicarnos y expresarnos. A menudo guardamos rencores, enfados o secretos que bloquean esta área dentro de nosotros y no la dejan expresarse.

Cuando se encuentra desequilibrado, puede conducir a dos actitudes opuestas. En primer lugar, la introversión, en la cual te vas a encerrar sin conseguir abrirte, ni tampoco buscar ayuda o compartir con otra persona cosas personales e íntimas. Y al contrario, una actitud demasiado expansiva que conlleva la incapacidad de guardar secretos, una necesidad de difundir habladurías, chismes o de criticar, junto a una manera de hablar agresiva, incluso violenta. Es importante equilibrar este chakra para poder vivir en un estado de serenidad tal que nada lo altere.

Acabas de iniciar la quinta página del libro de tu viaje, te doy la bienvenida en este tratamiento energético de desbloqueo del chakra de la garganta.

Estás en un lugar desconocido, situado entre tu realidad y tu mundo invisible y escondido. En esa parte de ti, se encuentra lo que te impide ser feliz, pero también las claves para liberarte de esas situaciones problemáticas.

Frente a ti, los siete agujeros están siempre en el suelo. Te acercas y observas que los cuatro primeros agujeros representan los primeros chakras y que giran en armonía. El quinto se encuentra delante de ti. Estás ante la entrada de tu chakra de la garganta.

Observas la bola azul claro girando sobre sí misma encima del agujero y atisbas una escalera de manos. Te sientes ligero y tranquilo al pensar que vas a realizar este encuentro contigo mismo y te adentras, un peldaño tras otro, de manera más profunda y sutil en los niveles más hondos de tu fuero interno.

Llegas a un paisaje rocoso. Delante de ti se alza un sendero para llegar hasta una cima. Miras a tu alrededor, no hay nada. Comprendes que debes subir hasta arriba del todo. Te pones en marcha. De repente un ruido detrás de ti te llama la atención. Te das la vuelta y te encuentras cara a cara con un animal aterrador. Este se asemeja a un bestia mitológica, un híbrido de búfalo y de serpiente. Parece enojado y dispuesto a embestir. Estás paralizado y no te atreves a moverte. El animal te observa resoplando.

En una situación normal, hubieras huido y habrías evitado encontrarte en estas circunstancias, pero eres consciente de que aquí no será posible. Estás en un lugar desierto en el que no hay ningún árbol ni ningún sitio donde esconderse. Visualizas una bola azul claro que aparece a la altura de tu garganta. Gira sobre sí misma cogiendo cada vez más sitio. Te giras y desafías al búfalo con la mirada. El animal mantiene la suya dirigida hacia ti y las serpientes que rodean su cuello se ponen a hacer ruido al unísono.

La bola azul se hace cada vez más grande, hasta tal punto que termina por sobrepasarte. **Visualizas, entonces, que la esfera te rodea y ha creado una burbuja protectora a tu alrededor**. Al no sentir más miedo y confiado, te acercas al animal y clavas tu mirada en la suya. Este parece sorprendido, retrocede y da media vuelta sin siquiera mirarte. Te sientes aliviado. Has conseguido

superar tus miedos. Notas que por fin, a partir de ahora, cuando te sea difícil autoafirmarte y tomar posición, podrás visualizar esta burbuja azul que sabrá cómo sacar de nuevo tu autoestima.

Has descansado un poco y decides retomar el camino. Pronto alcanzas la cima y descubres un holograma que muestra varias caras.

¿Las reconoces?

Son las personas a las que todavía guardas rencor, a quienes no pudiste decir nada, pero sobre todo aquellas contra las que sigues sintiendo una gran ira. Mientras observas esas caras desfilar en el holograma, pides en conciencia ser liberado de esos carbones candentes que son tus rencores.

De repente, sientes que el suelo se estremece y tiembla. Una grieta aparece a lo lejos y de golpe notas cómo un calor inmenso se apodera de ti. Te das cuenta de que te encuentras encima de un volcán a punto de entrar en erupción. Todavía sigues protegido por tu burbuja azul. La lava brota de manera espectacular y sepulta en pocos segundos el paisaje. Toda tu ira estaba cristalizada y, por lo tanto, bloqueada. A partir de ahora, eres libre, te sientes muy ligero. Este recorrido era corto pero muy intenso. Decides volver.

Apaciguado, empiezas a subir la escalera, un peldaño tras otro. Sabes que acabas de vivir un momento mágico en el centro de tu ser. Puedes volver allí cada vez que emocionalmente te sientas confuso y perdido. **Emerge un nuevo tú de este profundo encuentro, eres consciente de que acabas de vivir una liberación poderosa.**

«Guardar rencor es como sujetar
un carbón ardiente con la intención
de lanzárselo a alguien; pero es uno
mismo el que se quema».

Buda

CHAKRA DEL TERCER OJO

Este chakra representa nuestras facultades sutiles: intuición, clarividencia, sabiduría profunda y visiones. Cuando está desequilibrado, nos da una imagen borrosa de nuestras experiencias, de nuestro recorrido vital, y nos dificulta la comprensión de dichas experiencias y de los mensajes a través de lo que hemos vivido.

Cuando estás desconectado por completo de tu espiritualidad, este chakra puede acarrear migrañas importantes y un sentimiento de extravío en nuestra vida, como si tuviéramos la sensación de dar vueltas sobre lo mismo y de no aprender de los propios errores. Estás en lugar desconocido, situado entre tu realidad y tu mundo invisible y oculto. En esa parte de ti mismo se encuentra lo que te impide ser feliz, pero también las claves de liberación de esas situaciones problemáticas.

Acabas de iniciar la sexta página del libro de tu viaje, te doy la bienvenida en este tratamiento energético de desbloqueo del chakra del tercer ojo.

Frente a ti, aparecen los siete agujeros en el suelo. Te acercas y observas que los cinco primeros agujeros representan los primeros chakras anteriormente liberados y unas esferas resplandecientes giran encima de cada uno. El sexto se encuentra ante ti.

Estás delante de la entrada de tu chakra del tercer ojo. Observas la bola azul oscuro dando vueltas sobre sí misma encima del agujero y ves una escalera de mano. Te sientes ligero y tranquilo al pensar

que vas a realizar este encuentro contigo mismo y te adentras, un peldaño tras otro, de manera sutil en los niveles más profundos de tu fuero interno. Apenas tus pies han tocado el suelo, notas que estás sumergido en una luz azul noche y una niebla muy cerrada. No consigues distinguir nada de lo que te rodea. Avanzas a tientas pero con rapidez, cuando de repente notas que el suelo bajo tus pies desaparece y caes. Engullido por un agujero, sientes cómo te precipitas a lo largo de varios metros antes de aterrizar sobre un suelo algo mullido. A pesar de la capa de protección, te haces bastante daño en la espalda. Te levantas echando pestes de este agujero que no llegaste a ver.

Aquí la niebla parece haberse disipado un poco. Atisbas una luz al fondo de la estancia y te diriges hacia ella. La luz proviene de una *roulotte*. Te sientes atraído por el carromato y encuentras la puerta entreabierta. La empujas y esta se abre chirriando. Una vidente te espera, y con unas señas te invita a sentarte. Te pide que escojas tres cartas. Obedeces.

La primera carta muestra la intuición. Escogiéndola, desbloqueas esa parte de tu ser desconectada de ti. A partir de ahora, te será más fácil escuchar esa vocecita que te aconseja incluso antes de que la esfera mental acapare tu espíritu. Tu intuición, por cierto, te ofrece una solución: cada vez que sea ella quien se manifieste, pensarás en una *roulotte*. De esta manera, tu ego no podrá hacerte dudar de las certezas que tu alma desea comunicarte.

La segunda carta escogida es la de la clave. Gracias a ella acabas de liberar tu potencial multidimensional. En efecto, de aquí en adelante te podrás divertir usando tus sentidos sutiles, los que

más se comunican contigo, para que te guíen mejor o para guiar a otras personas.Clarividencia, augurios auditivos, magnetismo, sueños premonitorios, guía de almas, se incluyen en ese regalo que te fue dado durante tu reencarnación; podrás conectarte a él, si es eso lo que deseas.

La última carta representa al viejo sabio. Esta es esencial, porque te enseña a tener la perspectiva necesaria, dentro de tus experiencias, para poder evolucionar. Esta carta te permite comprender una vivencia en su globalidad, sea dolorosa o feliz. Te ofrece las herramientas necesarias para vivirlas sin categorizarlas como buenas o malas. Entiendes ahora que una experiencia es solo eso, una experiencia. Cada una de ellas es importante y te ayuda a construirte con solidez y a conocerte mejor.

Agradeces a la vidente y decides salir de la *roulotte*. Frente a ti, la niebla sigue siendo igual de densa; no obstante, consigues ver a lo lejos la luz que indica la salida. Te dispones a lanzarte en su dirección, pero recuerdas la caída anterior y las consecuencias de tu precipitación. Caminas muy despacio tanteando el terreno. De repente, la experiencia pasada ha desaparecido. Has desbloqueado una verdad por asimilar. La niebla se levanta de golpe y alcanzas la salida en un abrir y cerrar de ojos.

Con serenidad empiezas a subir la escalera, un peldaño tras otro. **Sabes que acabas de vivir un momento mágico en el centro de tu ser**. Puedes volver aquí cada vez que emocionalmente te sientas confuso y perdido. Emerge un nuevo tú de este profundo encuentro, **eres consciente de que acabas de vivir una liberación poderosa**.

Reprogramar la conciencia

Con el objetivo de que te familiarices con tus centros energéticos, te propongo un experimento sencillo y eficaz: conectarte de nuevo con cada uno, verificando cuál de ellos necesita ser más atendido.

Para ello, vamos a fabricar un péndulo (o usar uno si ya lo tienes): coge un anillo o un colgante, por ejemplo. Cualquier objeto con un peso similar servirá.

A continuación, ata una cadena o un hilo de 15 a 20 centímetros a tu objeto: ¡tu péndulo ya está listo! Solo nos queda establecer el protocolo de respuestas entre tú y él.

Toma el péndulo con tu mano predilecta y haz que cese sus oscilaciones manteniéndolo en la vertical; cuando ya no se mueva puedes configurar el protocolo:

Empieza por pedirle un SÍ.

El péndulo se moverá, de izquierda a derecha, de derecha a izquierda, de adelante hacia atrás o en círculos. No hay malas o buenas respuestas, el movimiento que te ofrecerá corresponderá sencillamente a un **SÍ**.

Haz lo mismo para NO y NO LO SÉ.

Tienes que conseguir 3 tipos de oscilaciones diferentes, una para cada una de sus respuestas. Por ejemplo, mi protocolo de respuesta es bastante clásico: para **SÍ** gira en el sentido de las agujas del reloj, para **NO** gira en el sentido contrario y cuando no puede o no quiere contestarme se mueve de derecha a izquierda.

Así podrás empezar el ejercicio, ayudado por la ilustración a modo de tablero de trabajo disponible al final del capítulo.

Coloca tu dedo sobre el color del chakra que quieras verificar y pregúntale a tu péndulo si ese chakra necesita un tratamiento. Haz lo mismo para cada uno de los 7.

Advertencia: el péndulo no es una ciencia exacta, depende de las energías que emitas, de tu nivel de experiencia, de las energías del momento (luna llena, luna nueva). Todo lo que sientas en términos de desequilibrio no es siempre debido a algo que haces. Por lo tanto, este ejercicio no se puede tomar al pie de la letra, se comparte aquí para que puedas familiarizarte con tu cuerpo energético; sin embargo, estate atento a las respuestas obtenidas.

Con el objetivo de trabajar de manera más exhaustiva la radiestesia, te invito asimismo a ejercitarte con preguntas concretas por las cuales podrás asegurarte de verificar la veracidad de las respuestas:

- ¿Me llamo María?
- ¿Tengo un perro?
- ¿Soy rubia?

Una vez que hayas encontrado una **buena conexión con tu péndulo**, las respuestas serán claras y fáciles, y podrás entonces probar de manera más precisa tus chakras.

CHAKRA CORONAL

Se trata de un chakra sobre el que es imposible efectuar un trabajo celular, por lo que no os propongo nada específico. Este chakra es la suma de vuestras acciones, de lo vivido, de vuestro camino de vida y de vuestras experiencias. Este comunica con los planos superiores, y todo el trabajo que realizáis permitirá explotarlo de la mejor forma.

Tablero de los 7 Chakras

Raíz

Sacro

Plexo solar

Corazón

Garganta

Tercer ojo

Coronal

CAPÍTULO 3

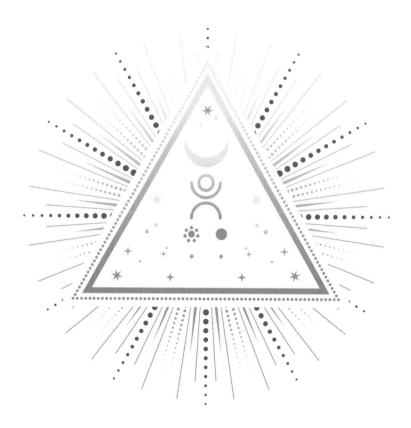

Aceptación de tu imagen y amor propio

«Tú, al igual que cualquier otra persona en este universo, mereces tu amor y tu cariño».

Buda

Puedes buscar a través del Universo a alguien que merezca tu amor y afecto más que tú mismo, y no encontrarás a esa persona en ningún lugar.

El amor que nos profesamos a menudo se esconde y aparta frente a las memorias celulares creadas a lo largo de nuestra vida **de forma directa** («eres gorda», «eres flaca», «eres fea») o indirecta por la presión que la sociedad puede ejercer sobre las generaciones más jóvenes, los hombres o las mujeres, en cuanto a su apariencia, su peso, su color de piel, su edad y su condición física.

Cuando nace un bebé, él no se juzga ni guapo ni feo. Él se ama, se acepta, no pone en tela de juicio lo que la naturaleza le ha dado. Es en el momento de la confrontación con el mundo exterior cuando los primeros bloqueos y traumas se inscriben en la memoria celular: a cada palabra, a cada mirada que exprese el rechazo, el asco o el desamor hacia él, el niño aprenderá que no es perfecto, que tiene que ser guapo y que para ello tiene que corresponder a unos criterios de belleza totalmente desquiciados y creados en su totalidad por estándares que evolucionan a la velocidad del rayo con el paso del tiempo.

Esta maquinación infernal lleva a una enorme cantidad de personas a un círculo vicioso de maltrato de su cuerpo. Habiendo perdido toda autoestima, ya no se atreven a vestirse o a maquillarse como lo desean; entonces deciden intentar no resaltar,

arreglándose lo menos posible para pasar desapercibidas, y compensan esta situación comiendo mal o demasiado y castigando su cuerpo, etc.

O bien, habiendo perdido también confianza, intentan encontrarla en todo lo que la sociedad puede ofrecer como alternativa: cirugía, maquillaje, aparatos. Esto les permite sentirse bien con su cuerpo, pero subsisten en el fondo del alma esos bloqueos que, aunque han sido tratados en el plano físico, no han sido liberados en el plano energético-emocional.

El próximo tratamiento te permitirá volver a conectar con tu cuerpo, de quererlo, mimarlo y ocuparte de él como si se tratará de un venerado tesoro.

Este tratamiento ha sido canalizado y escrito para reconciliarte con tu «yo» profundo. Tu cuerpo y tu alma necesitan sentir que los amas y que te amas; aquí se encuentra la clave de tu bienestar interior.

Desprogramar el inconsciente

Te encuentras delante la puerta de un chalet agarrando la manilla de la puerta. Este chalet de madera es magnífico. Está rodeado de nieve inmaculada, y un olor a madera mojada te sube a la nariz. Sabes que en cuanto bajes esa manilla vas a acceder a la gran limpieza a fondo de tu inconsciente.

Haces tres grandes inspiraciones y espiraciones y entras.

El interior muestra una decoración elegante y acogedora. Un fuego en la chimenea crepita y te hace entrar en calor de inmediato. Una bebida caliente te espera sobre una mesita baja hecha de troncos de madera. Una enorme manta blanca, cuya apariencia imita la piel de un animal, está colocada sobre el sofá de tres plazas en el salón. Sientes unas ganas irrefrenables de tumbarte en él. Y mientras te hundes en la superficie mullida, arropado por la manta, sientes cómo tus ojos se cierran.

Vuelves abrir los ojos. A tu alrededor, miles de espejos se reflejan. Giras la cabeza a ambos lados y ves todos esos cuerpos que te pertenecen multiplicarse al infinito. Cada reflejo reenvía una parte del cuerpo enorme y deformada.

Esta visión te deja sin alternativas, quieres huir, buscas la salida. Encuentras un pequeño pasadizo y, sin aliento, te alejas de esa imagen. Todavía puedes sentir la emoción principal que te abrumó y bloqueó tu chakra de la garganta.

¿Acaso es la vergüenza? ¿La vergüenza de poseer un cuerpo que no está a la altura de tus esperanzas? ¿Acaso la ira? ¿Contra tu propia persona por descuidarse de ese modo? ¿Contra ese cuerpo

que te abandona mientras se le explica que debería ser tan diferente? ¿Se trata de la desesperación? ¿De ver que este problema recurrente nunca se resuelve?

Y mientras avanzas, esta emoción bloqueada se transforma en una bola rosa resplandeciente en la garganta. Ves cómo crece y crece hasta ser tan grande que solo te quedan dos soluciones: tragártela y seguir guardando esa energía negativa, o escupirla y decidir que jamás volverás a unir tu cuerpo a ella.

Una vez que has liberado tu chakra de la garganta, notas como si te hubieras quitado un peso de encima. Decides ir a ver en la sala de reprogramación cómo está yendo tu limpieza. Al entrar, ves tu holograma en 3D flotando en el aire. Adosada a la pared, una pantalla gigante funciona sin parar, mostrando datos e imágenes. Tu formateo físico y psicológico en relación con tus kilos emocionales está en curso.

La barra de descarga índica el 25 %. Ya has superado una etapa, empiezas a sentirte mucho mejor.

Ahora te diriges hacia el jardín botánico. Todas las plantas son magníficas, tanta belleza te sorprende. Hasta que llegas delante de un pequeño rincón de tierra. Unas rosas han sido plantadas ahí, pero están marchitadas y sin cuidar. El suelo está sediento, la tierra en barbecho, las flores secas y mustias. Se te estremece el corazón con solo pensar que, sin embargo, las rosas son las flores más bonitas del jardín.

Las herramientas de jardinería dispuestas a su alrededor están oxidadas y su propietario parece que lleva días sin venir. Miras

la parcela de al lado: hay margaritas. Aunque son menos bonitas que las rosas, deslumbran de lo bien que están cuidadas. Vuelves hacia las rosas y decides ocuparte de ellas. Retiras las malas hierbas que las rodean, riegas y cortas las hojas que impiden su crecimiento. Una vez que has vuelto a poner todo en orden, el jardín se ilumina y se puede ver un pequeño cartel. En él están escritos tu nombre y apellidos.

Este jardín es tuyo.

Te prometes a ti mismo que, a partir de ahora, vendrás con regularidad a cuidar de tu jardín interior. Sales del jardín botánico y vuelves a la sala de máquinas: entreabres la puerta y visualizas tu «yo» en 3D que sigue girando sobre sí mismo, la barra de descargas indica el 50 %, sientes irradiar una poderosa emoción de tu plexo solar.

Sigues con la exploración de la realidad de tu cuerpo físico y caminas hasta una pequeña plaza donde hay algunas casitas y una escuela. Miras por la ventana para ver si alguien podría ayudarte a entender el porqué de tu presencia en este lugar. A través del cristal, puedes ver a un niño con la cabeza gacha. Le están regañando. Con los codos encima de la mesa, se niega a terminar la comida en su plato. Sus padres le asestan, una tras otra, verdades a medias tales como:

«¡Comes demasiado!»
«¿Te has visto? ¡Terminarás obeso!»
«¡No se come entre comidas!»
«¡Termina tu plato!».

Reconoces en ese niño abrumado tu niño interior. Todas esas frases, oídas a lo largo de la infancia y que te han marcado, te han herido profundamente. Entras en la casa, agradeces a tus padres el haber intentado librarte de engordar, haberte querido ayudar a coger peso, o haberte alimentado a pesar de todo. Les dices también que no era la mejor solución. Decides enseñarles. Te sientas en frente de tu pequeño yo, abrazas a ese niño y te diriges a él:

«Sé que estás triste, que a veces la vida puede parecer difícil y que necesitas amor. Pero cuando te sientas vacío y necesites consuelo, sabe que la comida no es la mejor solución. Lo que buscas es apoyo y no comer. Por lo tanto, a partir de ahora, cuando sientas que esas emociones te abruman y tu pequeño corazón de niño no sepa gestionarlo, estaré aquí. Yo, el adulto, que ha desafiado todas las etapas de la vida y que ha crecido, estaré aquí. Seré la roca sobre la cual podrás apoyarte. Seré la fuente del amor eterno en la que podrás acurrucarte. A partir de ahora, puedes comer en conciencia y tu cuerpo sabrá tomar con exactitud los alimentos que necesitas sin necesidad de guardar reservas, de ahora en adelante estás a salvo porque ya no estás solo».

Tu niño interior te abraza con fuerza y durante un momento llora entre tus brazos. Puedes sentir cómo su cuerpo se aligera. Cuando le dejas atrás, te encuentras en estado de ingravidez: casi estás flotando. Por primera vez en la vida te sientes bien. Puedes sentir cada músculo, cada articulación, cada célula de tu cuerpo vibrando al unísono con nada más que amor y amor propio. Irradias bienestar.

Te diriges de nuevo hacia la sala de máquinas cuando vuelves a divisar el palacio de los espejos. Sientes que esta vez estás listo

para regresar una vez más ahí. Cruzas el umbral y te adentras en la estancia de donde huiste. Los reflejos devueltos por los espejos son normales. Te miras sin filtros, sin deformaciones. Con tranquilidad dejas atrás aquel lugar. Vuelves a abrir la puerta de la sala de reprogramación. Esperabas ver la descarga terminada, pero aparece un 80 %. Frunces las cejas. Todavía te queda una cosa por asimilar, ¿pero cuál? Cruzas la sala y atisbas al fondo de esta una puerta abierta. Te diriges hacia ella.

En el interior, una pantalla ocupa toda la pared y una silla te espera. Te sientas y a continuación empieza la película. Puedes ver proyectadas las personas que se ocuparon de ti cuando eras un bebé. Te bañan. Tu cuerpo era entonces aún muy pequeño y en pleno desarrollo. Puedes ver el esfuerzo que los tejidos, los músculos, las articulaciones, los huesos, la piel y las células realizan para hacerte crecer. Ese cuerpo sufre en silencio mientras te da lo mejor de sí al servicio de tu alma, alma que ha escogido ese cuerpo físico en concreto para encarnarse.

El vídeo prosigue; debes de tener 5 años. Te caes y te raspas la rodilla. La herida es mínima, pero tu cuerpo, alarmado con solo pensar que te pueda pasar algo, manda a sus más valientes soldados para salvarte: las células sanas. Se da prisa porque se preocupa por ti. Quiere que estés del todo bien y en buena salud. En la pantalla siguen desfilando las imágenes, te ves llorando, durmiendo, comiendo. Sin embargo, mientras todo esto te parece normal, tu cuerpo también cura sus heridas, porque cuando tú lloras, él llora. Cuando comes, él masca, traga, digiere. Y cuando duermes, él te mantiene con vida. **Tal como haría un ángel de la guarda, tu cuerpo velará por ti toda tu vida.**

Sientes tu chakra del corazón hondamente conmovido por ese cuerpo que se revela en realidad como un desconocido para ti. Un desconocido al que habías más bien rechazado, calumniado, culpado.

De ahora en adelante, sois uno, un ente indivisible. Tanto por ti como por él, te alimentarás de cosas sanas, de buenas energías, de buenas intenciones y mucho amor.

Abandonas la estancia en paz y ves con alegría que por fin la barra de descarga se ha completado. Tu reprogramación ya ha terminado.

Cierras los ojos, y cuando los vuelves a abrir, has vuelto al pequeño chalet acogedor, arropado con suavidad por la manta. **Te sientes bien, cansado pero libre**.

«En fin, ¿quién no ha pensado alguna vez, con el corazón apesadumbrado: "Nadie me quiere, aun cuando ese corazón, justamente, tendría toda la razón, al oír eso, de sentirse un poco desatendido al iniciar su jornada laboral de veinte y cuatro horas número diecisiete mil?"».

Giulia Enders, *La digestión es la cuestión*

Reprogramar la conciencia

EJERCICIO 1

Los ojos son el espejo del alma

Si quieres amarte y aceptarte tal como eres, existen ejercicios que podrán ayudarte a conseguirlo, permitiendo conectar de nuevo tu alma con tu cuerpo, con la belleza de tu ser. Vas a poder elevar tu umbral de tolerancia e incluso aprender poco a poco y con tiempo a amarte totalmente.

Este primer ejercicio consiste en mirarse a los ojos en un espejo: mira tu alma, ella no miente. **En ese preciso instante, cuando te ves en el espejo, ya no puedes mentirte, tu ego ya no puede sobrepasarte**, tus ojos son las puertas del alma: fíjate en el camino recorrido, los logros, los valores que anidan en tu corazón. Siente la bondad de tu ser y el amor inconmensurable que en realidad llevas dentro de ti cuando descartas todo lo que no te pertenece.

Repite el ejercicio cada vez que dudes de ti para volver a conectar con lo esencial.

EJERCICIO 2

Aprender a amarse

Este ejercicio requiere una salida más extrema de tu zona de confort: si no puedes amar tu físico, es porque lo huyes, lo miras no con amor, sino con un filtro hecho de estándares que pertenecen a la sociedad actual, a la mirada de los hombres, las mujeres, los publicistas, pero de ningún modo a la tuya.

Para hacer este ejercicio, tendrás que elegir entre filmarte o fotografiarte en ropa interior (o sin nada, si quieres llevar más lejos el experimento). Esas imágenes serán al principio difíciles de mirar si albergas mucha repugnancia o rechazo hacia tu cuerpo, pero ahí está la belleza de este ejercicio: vas a amaestrarte día tras día, poco a poco.

Cuando tomes la foto, escoge una ropa interior bonita, con la cual te sientas capaz de seducir, selecciona un decorado que te guste y una postura que te favorezca, ofrece tu mejor sonrisa y ¡atrévete a ser narcisista! Usa accesorios: joyas, pañuelos… La atracción es lo tuyo, usa el temporizador para poder obtener bonitas poses naturales y observa hasta qué punto brillas. Admite que si te cruzaras por la calle y no te conocieras, pensarías: «¡Esta persona resplandece!».

El objetivo de este ejercicio no es alcanzar una belleza idéntica a la que se muestra en las revistas, sino buscar su belleza, su propia luz, y te darás cuenta de cómo las personas a tu alrededor cambiarán su mirada a medida que tú vas cambiado la tuya sobre ti mismo.

CAPÍTULO 4

Desarrollo de la abundancia y desprogramación de los esquemas limitantes

«La abundancia es un proceso de abandono. Lo que vacío está puede recibir».

Bryant McGill

Los bloqueos ligados a la abundancia son múltiples y bastante frecuentes: a lo largo de todas tus vidas anteriores, has podido vivir vidas de pobreza o de riqueza absolutas. En cada una de esas vidas, tu alma todavía joven ha podido probar el poder del dinero, de la profusión de bienes al antojo de las oportunidades y de su buen uso. De ello resultan memorias celulares que si no se limpian pueden trabar en la presente reencarnación el buen desarrollo de tu abundancia.

La física cuántica explica de manera sencilla que nosotros creamos aquello sobre lo cual vibramos, en este caso: todas las memorias ligadas al dinero acumulado por ti a lo largo de otras vidas o recibido a través de tu linaje familiar, de modo que las creencias establecidas durante tu infancia condicionan tu relación con la abundancia.

Las creencias limitantes se parecen a los siguientes mandatos:

- Hay que trabajar duro para alcanzar el éxito.
- Es imposible ser rico siendo hijo de obrero.
- El dinero no hace la felicidad.
- El dinero divide las familias.
- No merezco tener oportunidades que transformen mi vida.

Estas creencias cuajan en tu memoria celular. En cuanto la experiencia vivida se revela traumatizante, **esta deja una marca al rojo vivo en tu fuero interno**. Por ejemplo, un comerciante que se haya hecho rico estafando a sus clientes, podrá, si se declara en bancarrota, crear una memoria bloqueadora en él, como: «el dinero puede destruir mi vida». De no ser liberada, dicha memoria perdurará a largo de su descendencia y de sus propias vidas futuras.

Este tratamiento te permite jugar con las realidades cuánticas paseándote por los diferentes planos, modificando y sosegando las vidas en las cuales pudieras haber creado bloqueos para librarte de ellos.

Haz tres grandes inspiraciones y sumérgete en el campo de las posibilidades en ti…

Desprogramar el inconsciente

Decidimos llegar al origen de este bloqueo: nuestras creencias limitantes, nuestra base de datos errónea. Lo que hace que no nos atraiga lo que realmente queremos, es decir: el espacio de las posibilidades.

Cuando aterrizas en este plano de conciencia, flotas en un estado de ingravidez, con encima de ti un cielo muy oscuro, de color azul noche, y mientras estás flotando, puedes ver un espectáculo increíble.

Materializado por millones de hilos plateados brillantes, todo tu campo de posibilidades se encuentra ante ti. Solo uno es de color rojo, te sorprende y decides cogerlo.

De repente, te has trasladado a otra realidad. Observas tu actual cuerpo físico leyendo *El gran libro de las 12 liberaciones energéticas*, el mismo que sostienes entre tus manos.

Sigues viendo el hilo rojo brillar entre tu cuerpo físico actual y la dimensión de las posibilidades donde se encuentran también los millones de otros hilos plateados en el plano de conciencia más elevado.

Entiendes que has escogido esta realidad y que tendrás, antes del final de este tratamiento, que escoger de nuevo para seleccionar una que esté mejor alineada con tu alma.

Para hacer esto, comenzarás por el principio: desatarás los votos de pobreza y de ausencia de abundancia que podrías haber hecho en otras vidas. Como estas vidas se desarrollan en un espacio-tiempo paralelo al nuestro, al eliminar esas promesas y esos grilletes,

te liberarás a ti mismo y a todas las encarnaciones «pasadas» y «futuras» al mismo tiempo.

Eliges al azar uno de los hilos y te transportas a una vida de miseria. En ella no has conocido opulencia de ningún tipo, ni afectiva, ni financiera. Te sientes solo y ocioso. ¿Quizás percibes fragmentos de memorias: un lugar, un olor?

Esta vida ha dejado en ti muchos nudos emocionales y energéticos en tu memoria celular.

Se han establecido creencias arraigadas y esta realidad se ha congelado como una verdad profunda en todo tu ser.

Vamos a limpiar estas memorias de un modo sencillo: te encuentras frente a tu «yo», encarnación de la pobreza y la soledad y que además parece tener mala salud.

Vas a cambiar su realidad poco a poco: reemplaza esa ropa mediante la visualización. Imagina ropa cómoda, agradable envolviéndolo, **experimenta el alivio y el bienestar que tu otro «yo» siente al llevar estas prendas sobre sus hombros.** Luego cámbialo de casa. Imagina que vive en un lugar donde se siente seguro; puedes elegir algo muy lujoso pero no es necesario, elige una casa que se parezca a ti. Finalmente, visualiza el aura que rodea su cuerpo físico: haz que crezca, envuelve su cuerpo en luz y fija en esa aura la intención de que se regenere. Al eliminar el trauma emocional y la memoria conectada a esa vida en la que no tenías nada, liberas las vibraciones que todavía de manera inconsciente ubicas sobre ese vector.

Cierras los ojos y te desplazas a otra de tus reencarnaciones. Esta es muy diferente: vives rodeado de una opulencia exagerada. La cantidad de bienes poseídos es desmesurada, tienes acceso a las más grandes riquezas. Sin embargo, te pesa la soledad, no eres feliz.

Posees mucho pero no vives. Esta es una vida marcada por una grande tristeza, y arraigada en ti tienes esa creencia de que el dinero no da la felicidad, de que te encierra más bien en una prisión dorada de la cual es difícil evadirse.

Agarras dos piedras y empiezas a escribir sobre la primera «**abundancia**» y sobre la otra «**felicidad**».

Te diriges hacia tu «yo» doliente, que asocia el dinero a la desdicha, y le dejas la piedra «abundancia» sobre el hombro izquierdo. Flaquea y se desploma. Le coges la mano y le ayudas a levantarse. Mientras le sostienes, le colocas la piedra «felicidad» sobre su hombro derecho.

Equilibrado de ese modo, el «yo» se levanta y sonríe. Has conseguido tranquilizar esta memoria; a partir de ahora ya no despertará más nudos emocionales en tu memoria celular.

Estos saltos cuánticos entre tus vidas paralelas son la primera etapa necesaria en esta desprogramación y reprogramación celular.

Ahora, juntos vamos a limpiar y cortar las cargas que hayas podido heredar de tu línea transgeneracional: cada miembro de tu familia, por su pasivo y sus experiencias, habrá creado nudos

emocionales y energéticos en su memoria celular idénticos a copos de nieve; algunos poseen unos pocos, otros poseen miles. No puedes saber quién posee qué; por lo tanto, vamos a operar una limpieza completa de tu linaje que abarcará las últimas seis generaciones.

Te colocas frente a una enorme pizarra. Sobre esa pizarra, se muestra a cada miembro de tus familias paternas y maternas. No te preocupes si has olvidado a algunas personas o si no conoces su identidad. Reemplázalas simplemente por su puesto en la familia: «bisabuelo» o «tía lejana».

Esta pizarra no tiene por qué ser precisa, solo necesitas sencillamente visualizar las seis últimas generaciones de tu familia por encima de ti (empezando por tus padres) al igual que en un árbol genealógico: cada rama familiar se representa en una línea.

Notas algo que atrae tu mirada: cada miembro de cada familia posee dos hilos eléctricos a la altura de sus pies: uno azul y otro rojo. Materializas unos alicates y estableces la intención de cortar todas las conexiones negativas, bloqueadoras y limitantes de tu linaje en relación con el dinero.

Empiezas por tu madre: cortas el hilo rojo presente bajo sus pies. Al cortar ese hilo, sientes cómo te liberas de un peso. Haces lo mismo con tu padre. A medida que vas cortando la alimentación energética de las creencias, te sientes más ligero y más confiando de cara al porvenir. Tómate el tiempo necesario para cortar cada hilo a conciencia antes de seguir con tu lectura. Este gesto fuerte y simbólico tendrá igualmente repercusiones sobre tu anclaje:

al liberar una parte de los bloqueos de tu linaje, equilibrarás tu chakra raíz.

Decides luego ocuparte de tus propias creencias limitantes: aquellas a las que te aferraste por miedo, por costumbre o por cualquier otra razón.

Desde ahora ya puedes empezar a enumerar algunas.

Por ejemplo:

- Pienso que no es fácil ganar dinero.
- La salud mengua con la edad.
- Hay que trabajar duro para ganarse la vida.
- El amor verdadero no se encuentra con frecuencia.

Te acercas a un enorme pozo muy profundo. Ese pozo está lleno de agua y en su superficie puedes ver reflejada tu cara sonriente. Achicarás a conciencia el agua del pozo con el pequeño cubo de madera enganchado a una polea. Cada vez que vacíes el cubo, soltarás las emociones y las memorias relacionadas con ellas.

Mientras vacías el agua, tu rostro sonriente reflejado en la superficie es remplazado por un semblante triste: ya no consigues sonreír. Has alcanzado el nivel emocional profundo donde se tejen todas tus emociones y reacciones emocionales. Tu cara triste ya no consigue esconderse, hemos vaciado lo que la cubría, a partir de ahora estás al descubierto. Decides preguntarle a tu «yo» emocional triste lo que no va, cuál es la razón de su estado.

Te contesta que está perdido, en conflicto entre lo que necesita y lo que la vida le ofrece, pero que no consigue salir del pozo. Le explicas que estaba enredado en unas creencias limitantes: al lamentarse sobre su suerte, sus llantos solo conseguían alimentar el agua del pozo.

A partir de ahora, ese «yo» atraerá la abundancia planteando acciones concretas y precisas: le ofreces varios ladrillos que va uniendo con cemento a lo largo del pozo. A cada ladrillo pegado, consigue subir un nivel hasta poder salir de la trampa en la que se encontraba.

Comprendes que has descuidado el factor emocional sobre el cual tu estado interior vibraba y que bloqueaba todos tus deseos de abundancia. A partir de ahora, asocias la abundancia a la acción: sin esfuerzo de tu parte, no podrás salir de los pozos en los cuales la vida te hará caer a lo largo de tu camino. Te sientes tranquilo, porque sabes que tienes en tus manos las claves para salir de apuros.

Después de las emociones, vas a ocuparte de tu parte consciente: tu mente. **Es la última pieza del puzle por reprogramar** con el propósito de poder atraer hacia ti, de manera consciente, lo que profundamente deseas.

Pero antes de poder pedir a tu conciencia que consiga otorgarte lo que quieras, habrá que determinar qué pedirle: realizaremos una tabla de visualización energética. Las memorias de esas peticiones estarán ancladas en ti y te permitirán vibrar de manera más poderosa y más fácil con tus deseos.

Delante de ti hay una tabla interactiva dividida en ocho casillas:

C Amor
C Dinero
C Salud
C Trabajo
C Creatividad
C Físico
C Familia
C Proyecto

¿Qué es esta tabla interactiva? Para cada una de esas casillas vas a materializar, como en una película en la televisión, una escena con el objeto o la situación de tu elección.

Por ejemplo: para la casilla creatividad, si tu deseo es empezar con la pintura, vas a proyectar una película sobre la casilla de la tabla en la cual estarás rodeado de magníficos cuadros, tan hermosos unos como otros; estarás muy entretenido pintando y obviamente inspirado.

Haz lo mismo para cada una de las casillas imaginando tu realidad perfecta.

Una vez terminada la tabla, sabes que puedes volver en cualquier momento para sumergirte en la energía de tus peticiones ¡o incluso modificarlas!

Tu limpieza casi ha terminado, pero nos queda una última cosa por hacer: el hilo rojo en el mundo de las posibilidades al princi-

pio de tu viaje no te conviene, es hora de escoger otra realidad, una realidad en la cual estarás rodeado de abundancia.

Para ello, volvemos al nivel más elevado y nos encontramos de nuevo con los millones de hilos de color plata envolviendo el hilo rojo que representaba hasta ahora nuestra vida. Avanzas hasta él y lo cortas.

Luego observas todos esos hilos plateados brillando en la noche azul oscuro del cielo que te rodea. ¿Entre todos esos hilos, cuál te atrae?

Tómate el tiempo que necesites para elegir tu nuevo vector, tu nueva vida. Tan pronto como hayas escogido, toma el hilo en tu mano y déjate transportar dentro de este nuevo día a día.

Te levantas por la mañana, ¿dónde estás? ¿Con quién? ¿En qué país? ¿Y en qué ciudad? Define cada detalle de tu realidad.

Te duchas y te vistes: ¿cuál es tu estilo? ¿Cómo es tu cuerpo? ¿Qué tipo de desayuno tomas antes de salir de casa?

Pronto son las 9:00: ¿trabajas? Si es así, detalla lo que llena tus jornadas de trabajo. ¿Cuál es tu función o tarea? ¿Qué aportas al mundo? ¿Qué es lo que te hace vibrar? Sé preciso y visualízate en tu versión profesional, la más realizada y plena.

Sigue con tu día repasando los momentos de relajación que tienes, pero también los amigos que frecuentas y los momentos en compañía de la familia. Una vez terminado el día, cierra tu visita

a esta realidad fusionando el hilo plateado contigo, colocándolo sobre tu corazón.

Estás ahora conectado a esa realidad en tu campo de las posibilidades.

Este poderoso viaje al corazón de tu abundancia ha terminado; algunos cambios llegarán muy rápidamente, otros necesitarán más tiempo para instalarse. Aparta tus expectativas y sigue planteando acciones para satisfacer tus necesidades.

Relee este tratamiento tantas veces como consideres necesario cuando sientas la necesidad de ello para mantenerte en sintonía con esta energía de cambio positiva.

Reprogramar la conciencia

EJERCICIO 1

Definir el propósito de su abundancia

Si en tu vida deseas beneficiarte de la abundancia, tiene que existir un propósito definido sobre el cual alinearse. A menudo, muchas personas desean el dinero, pero no imprimen a esa aspiración ninguna voluntad propia del alma. Ser rico y poseer muchos bienes materiales no sirve en ningún caso al alma que ha venido para evolucionar y vivir una experiencia humana a través del reparto, obrando de este modo para la comunidad, lo colectivo. La consecuencia de ello es que tendrás que encontrar tu «porqué».

¿Por qué tu alma querría recibir esa abundancia?

La idea es poder encontrar lo que toda esta avalancha de cosas buenas podría aportar a tu alma, que más tarde las redistribuiría a su alrededor. Por ejemplo, si mañana fuera rico, dejaría de trabajar y escribiría libros escolares para niños con minusvalía mental. Este «porqué» permite a tu alma enfocar su energía sobre algo que para ella significa mucho, y de ese modo abrir la puerta de la abundancia: alineándote con lo que desea tu alma.

Para hacer este ejercicio, tendrás que buscar el o los verbos que simbolizarán el «porqué» de tu abundancia; por ejemplo, mis verbos son:

ESCRIBIR
ENSEÑAR
CREAR

Esos tres verbos simbolizan lo que querría hacer, ya sea pobre, sin un céntimo, o riquísima, sin tener que preocuparme por cómo llegar a fin de mes. Al definir lo que para ti vibra, atraes hacia ti las oportunidades que se originan en realidades paralelas, y a las cuales no tenías acceso hasta ahora porque no mirabas en el lugar correcto.

EJERCICIO 2

Provocar las sincronicidades

Una sincronicidad es un acontecimiento que se produce en el mundo material en relación con algo que has deseado o pedido. Por ejemplo, si pienso en un viejo amigo del instituto y me lo encuentro al día siguiente a la vuelta de la esquina, he creado una sincronicidad de manera inconsciente. Una vez que hemos entendido que modelamos y generamos una cantidad enorme de cosas en nuestra realidad, podemos divertirnos provocándolas para saber usarlas mejor; por eso te propongo estos pequeños ejercicios con los cuales vas a poder evaluar tus progresos.

Antes de empezar, anota al lado de cada ejercicio la fecha en que lo has empezado para calcular el plazo necesario para la creación de tu sincronicidad. Con un poco de entrenamiento podrás reducir este tiempo a unos minutos.

Hacer que aparezca un animal

Fecha:

Para este ejercicio, bastará seleccionar un animal (te aconsejo que evites los animales clásicos, como perros o gatos, que podrían sesgar el experimento); por ejemplo, un loro o un tigre.

La sincronicidad será validada cuando, sin buscarlo, ese animal se presentará ante ti de manera espontánea o improbable (una publicidad en la televisión, un amigo ofreciéndote una taza o un posavasos con la ilustración del animal, etc.).

Escuchar una canción concreta

Fecha:

Para este segundo ejercicio, el principio es idéntico, escoge una canción y pide escucharla. Tu sincronicidad será validada cuando oigas la canción de manera inesperada.

Hacer que te ofrezcan un regalo espontáneo

Fecha:

El ejercicio siguiente es muy sencillo: pide ser obsequiado con un regalo inesperado y espontáneo. No precises el qué ni cuándo. Tu sincronicidad será validada cuando recibas ese pequeño y especial presente.

Sugerir un tema histórico

Fecha:

El último ejercicio es obviamente el más difícil. Para empezar, tendrás que escoger un tema que haya marcado la historia de Francia o del mundo: la Segunda Guerra Mundial, la esclavitud, la Guerra Fría, el conflicto palestino-israelí, etc. Puedes escoger cualquier hecho que haya marcado la historia, salvo, por razones obvias, temas presentes de la actualidad. Habrás validado tu sincronicidad cuando una persona cercana empiece una conversación sobre ese asunto o si te topas con un artículo o un programa que hablen de ello.

Diviértete haciendo y rehaciendo estos ejercicios hasta que consigas atraer todo lo que pidas en un plazo más corto, y luego ve variando las peticiones.

EJERCICIO 3:

Dibujarse en una realidad perfecta

Este último ejercicio de abundancia requiere de tu imaginación: vas a tener que escribir y visualizar lo que sería tu vida si todos tus deseos se hicieran realidad.

- ¿Cuánto ganarías al mes?
- ¿Dónde vivirías?
- ¿Qué tipo de casa tendrías?
- ¿Qué profesión desarrollarías?

Ofrece un número máximo de detalles sobre tu vida cotidiana y de todo lo que te rodearía y siente esa realidad como algo muy cercano. Aunque no domines el dibujo, no te preocupes, lo importante es la intención y la energía que respalda la acción. No dudes en dejar el papel sobre la mesilla de noche y reléelo a menudo. **Imprégnate de esa descripción como si estuvieses leyendo tu futuro venidero.**

CAPÍTULO 5

Desarrollo de la intuición y liberación de la mente

«Es porque la intuición es
sobrehumana por lo que hay
que creerla; es porque es misteriosa
por lo que hay que escucharla;
es porque parece obscura
por lo que es luminosa».

Victor Hugo

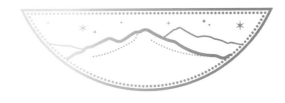

Este capítulo está dedicado a tu intuición y a la parte invisible de tu ser. Tus sentidos sutiles, ya sean mediumnidad, clariaudiencia, clarividencia u otros, son dones que posees en ti y a menudo desde hace varias vidas.

Con frecuencia se encuentran latentes e inactivos, ya que la mente omnipresente los deja al margen. Tenemos tendencia a utilizar nuestra mente y descuidar nuestra intuición por falta de confianza en nosotros mismos y de práctica.

A través de este viaje por tus sentidos sutiles, te propongo recuperar tus dones, tu conexión con tu «yo» profundo y por extensión con tu intuición.

Te sugiero, en primer lugar, definir el canal por el cual serías capaz de recibir más fácilmente informaciones de tu «yo» superior. **El «yo» superior es la parte más sabia de ti,** ahí donde todas las respuestas y la sabiduría están almacenadas. La mayoría de las veces funcionamos empleando solo nuestra mente y el ego a lo largo del día. A veces, durante unos instantes volvemos a conectar con nosotros mismos, con nuestro «yo» superior, que nos revela mensajes e informaciones de una importancia capital con el propósito de aconsejarnos y así poder tomar buenas decisiones.

El objetivo de este capítulo es pasar a un piloto automático guiado por la parte más sabia de tu alma, la que no reacciona a los estímulos del mundo exterior por culpa de sus sufrimientos, la que no interpreta las señales por culpa de malas experiencias. La intención es sencillamente estar lo más alineado posible para poder tomar las decisiones correctas y sentir las cosas con el corazón.

Si dejas a tu mente al mando de tu vida, tomarás decisiones lógicas, que no tendrán un sentido real para ti porque seguirán una lógica social, parental o profesoral. Tu intuición, sin embargo, te guía en el lugar y en el momento adecuados para ayudarte a encontrar y vivir plenamente tu reencarnación de la manera más liviana posible.

Si lo deseas, vamos a empezar el primer ejercicio interactivo.

Mira las tres imágenes que se encuentran en la página siguiente y déjate guiar por tu intuición: ¿cuál de las tres te atrae?

No intentes que tu mente intervenga, la respuesta correcta es la primera que se te ha ocurrido o la imagen sobre la cual te fijas de manera reiterada, la que te atrae sin saber el porqué.

Remítete luego a la página siguiente para descubrir si has encontrado **cuál es tu canal de recepción sutil predilecto.**

Los tres canales de conducción sutil

El canal kinestésico

Si has escogido el mandala del canal kinestésico, te encuentras en la esfera de la percepción. Este tipo de personas están muy unidas a lo emocional y rememorarán las sensaciones ligadas a los recuerdos (por ejemplo, la alegría de ver a los abuelos venir a buscarles a la salida del colegio o el bienestar suscitado por una rica comida entre amigos…). Eres sensible a las energías que emanan de los lugares y de las personas. Tu campo léxico está coloreado con palabras que conectan con la percepción: «Siento que…».

El canal visual

Si has escogido el canal visual, posees aptitudes unidas con ese sentido: te gusta dibujar, hacer esquemas y que te miren mientras hablas para asegurarte de que tu interlocutor ha entendido lo que estás diciendo. Esto se llama un canal eidético. Eres una persona organizada, a quien le gusta planificar y controlar todo de antemano. Los recuerdos vuelven bajo la forma de escenas o a través de instantáneas de los momentos precisos en los cuales puedes todavía ver cada detalle del entorno o los colores. Tu campo léxico está orientado hacia esa dimensión visual: «Veo», «¡Abre los ojos cuando te hablo!», «¿Has visto?».

El canal auditivo

Si has escogido el mandala auditivo, tendrás tendencia a acordarte de todo sin tener que coger apuntes. Escuchas con atención a tus interlocutores y te colocas de perfil, perpendicularmente a ellos, para estar seguro de escuchar y entender lo que te dicen. Las palabras vinculadas con la audición son mencionadas a menudo en tu campo léxico: «Me estás dejando sordo…», «Escucha…». El auditivo es una persona que reflexiona largo y tendido y prefiere tomarse su tiempo. Tus recuerdos contienen sonidos o frases que te han podido decir y que te vienen a la cabeza con facilidad.

Has leído los tres diferentes tipos de canales de conducción sutil y has podido identificar con qué medio, el más intuitivo y fácil, **vas a recibir los mensajes de tu «yo» superior o de tus guías.**

Vamos a abordar ahora el tratamiento del tercer ojo, para conseguir silenciar la mente en una primera etapa y ayudarte a conectar de nuevo con la intuición y el corazón en una segunda etapa.

Canal kinestésico

Canal visual

Canal auditivo

Desprogramar el inconsciente

Puedes ver tu cuerpo físico bajo la apariencia de una forma vectorial: un personaje a tu semejanza se encuentra delante de ti. Puede tener la forma de un dibujo animado, ser un personaje de videojuego o, al contrario, ser muy realista. Ese personaje es la representación de tu «yo» superior: le dejaremos las riendas para que recupere su poder personal. Acuérdate: cada vez que lo dejas al mando, tomas las decisiones desde el corazón; cada vez que pasas los mandos al ego, tomas las decisiones que reflejan tu sufrimiento.

Tu personaje te da la espalda, se encuentra en una gruta, el eco de sus pasos reverbera sobre las paredes de la cavidad; a lo lejos, se escuchan gotas de agua al caer. Él se gira y busca una salida: lleva ya varias horas tanteando la roca en busca una grieta o de una puerta, pero sin resultado.

Esta vez, vamos a permitirle encontrar la salida, porque este personaje perdido es la imagen de nuestra alma que intenta mal que bien comunicarte ideas, mensajes o advertencias, pero no lo consigue porque has condenado la gruta de tu tesoro interior.

Has decidido dar media vuelta hacia la salida, esta vez en conciencia. Tu personaje avanza, te señala unos bloques de piedra derruidos. La primera vez que habías pasado por ahí, tu conciencia no les dio importancia, pero **esta vez vas a escuchar a tu alma** y te diriges hacia ese amasijo de piedras. Acercándote, notas una inscripción en la piedra más grande: «Reconstrucción». No entiendes lo que eso significa, por lo tanto, dejas a tu «yo» superior reflexionar sobre ello y sigues tu camino. Tu personaje continúa y en esta ocasión te señala una vieja cuerda estropeada.

Una vez más, no habías creído que fuera necesario recogerla o usarla, porque no había ningún punto donde colgarla fuera de la cueva. Pero entonces tu «yo» superior se para, te acercas y puedes descubrir una inscripción en la cuerda: «Elevación».

Sigues tu camino y llegas ante la pared del fondo, donde se encuentra un pequeño huevo de pájaro que no habías considerado conveniente llevarte antes. Esta vez confías en tu yo superior y dejas que se acerque a él. Sobre la cáscara puedes leer la palabra: «Imaginación».

Tu personaje siente la necesidad de llevar este pequeño huevo con él; incluso si no ves cuál es el interés en ello, confías en ti mismo. Toma el huevo en sus dedos y lo lleva muy cerca de su corazón.

Das media vuelta y retomas tu marcha con tu cuerda al hombro y tu pequeño huevo cerca del corazón y vuelves sobre tus pasos hasta el punto de partida. Estás un poco perdido, no entiendes lo que supuestamente tienes que hacer; **entonces se produce algo increíble**: escuchando los mensajes de tu «yo» interior, confiando en ti, te das cuenta de que has encontrado la solución, ¡muy a pesar tuyo!

El huevo, habiendo sido incubado cerca de tu cuerpo, acaba de perder su cascarón, perforado, y el polluelo ha echado a volar. Sus alas lo llevan hacia las alturas de la gruta y comprendes que, escondido detrás de una gran piedra en lo alto, se halla en la pared un agujero que te permitirá salir.

Tu personaje mira la cuerda que lleva sobre sus hombros y se da cuenta de que le podría ser útil para izarse, pero le faltarían algunos centímetros para alcanzar la cima. En ese preciso instante, tu personaje recuerda la palabra «Reconstrucción» hallada en la piedra: se arrodilla delante del amasijo anteriormente cruzado y empieza a unirlas.

Al cabo de unos cuantos minutos, las piedras, una vez unidas, forman un enorme bloque cuadrado, permitiendo a tu «yo» superior alzarse y enganchar la cuerda arriba del todo.

En muy poco tiempo, habéis salido por fin, libres y aliviados, de esa gruta. Has comprendido que a partir de ahora, incluso en lo más profundo de las cavernas más oscuras y en las situaciones que te parecen sin escapatoria, escuchando a tu intuición y a tu «yo» superior, encontrarás indicios y mensajes que te permitirán salir de apuros.

Tu personaje está ahora al aire libre, respirando la brisa marina de una playa cercana. Vas a terminar esta limpieza con una acción que permitirá tranquilizar tu conciencia. Podrás volver aquí tantas veces como sea necesario, cada vez que tu conciencia se encuentre en un estado caótico o que los miedos, las aprensiones y las anticipaciones se amontonen en tu cabeza.

Tu «yo» superior se está bañando en un mar de aguas cristalinas cuando de repente se acerca una tempestad: tu «yo» superior no parece preocuparse. Pero entonces tu conciencia aumenta las nubes, los rayos, la tempestad, y hace volar todos los elementos de este decorado. Tu «yo» superior intenta como puede mantener el rumbo, pero está atrapado en un torbellino de emociones incontrolables. No tiene dónde agarrarse, empieza él también a perder el

control. Decidimos venir a apaciguar la conciencia y dar nuevamente el control a tu «yo» superior: **tu personaje sopla suavemente a su alrededor sobre unas olas convertidas en masas de agua amenazantes y consigue extender un halo de mar apacible y tranquilo. Poco a poco, sopla, inspira y espira. Gracias a su respiración y a su calma interior, tu personaje consigue alejar la tormenta lejos, muy lejos.**

Tu «yo» te invita a que te relajes rodeado de tranquilidad, respirando y expirando varias veces, cada vez que estés en un estado de tormenta interior y que desees hallar de nuevo la calma y la paz.

Usar la intuición es ver a través de los ojos del alma.

Reprogramar la conciencia

Ahora que hemos efectuado este desbloqueo y esta reprogramación, vamos a poder pasar a los ejercicios interactivos, en los cuales vas a poder poner a prueba tu intuición.

Para cada ejercicio, vas a poder escoger entre varias proposicio-
nes; el objetivo es que conectes con la parte de ti mismo ligada a
tu «yo» superior, para poder sentir en tu corazón la respuesta que
resuene como la correcta.

Podrás probas y reintentar cada ejercicio tantas veces como desees.
Si te confundes, no te desanimes: algunas cosas requieren tiempo
y aprendizaje.

**Para practicar estos ejercicios,
bastan un folio y un bolígrafo.**

Para cada ejercicio, te propondré una lista de respuestas posibles. Escribe en unos trozos de papel cada una de las propuestas,
dóblalos y coge uno al azar sin abrirlo.

EJERCICIO 1

Intuición en relación con el peligro

Te voy a dar **4 perfiles de posibles sospechosos.** Escribe sus nom-
bres sobre 4 trozos de papel. Mezcla sin mirar y coge uno, que
colocarás delante de ti.

Objetivo: encontrar la identidad del ladrón y conseguir detectar en tus conversaciones futuras a aquellas personas que puedan ser tóxicas, mentirte o llegar a hacerte daño.

Posibles culpables

C **Laura, joven mamá**
Sale tarde del trabajo después de un día duro, está hablando por teléfono con su marido.

C **John, joven de 22 años**
Deambula por la calle fumando un cigarrillo.

C **Patrick, jubilado**
Vuelve del cine, está silbando tranquilamente por la calle.

C **Héctor, turista español**
No encuentra el camino de vuelta a su hotel e intenta orientarse.

A continuación, lee la historia, sigue las instrucciones y ofrece tu respuesta.

Te encuentras en un callejón oscuro. Estabas en casa dando vueltas cuando decidiste salir a tomar el aire. Miras la hora: son las 21:47.

Fuera es noche cerrada, no es una hora a la cual sueles salir a la calle, pero sientes una necesidad inmediata de tomar el aire. Coges tu abrigo y te pones un gorro. Cierras la puerta de tu casa dando dos vueltas a la cerradura y sales en dirección al centro de la ciudad andando sobre unas aceras que están empezando a helarse. Te cruzas sobre esa misma acera a una joven rubia hablando por teléfono. Te viene a la mente que uno de tus amigos te ha dejado un mensaje en el contestador que no has escuchado.

Sales de la acera esquivando a un chico que tira la colilla de su cigarrillo a unos pocos centímetros de tus pies y marcas el número de tu buzón de voz. En ese preciso instante un señor mayor que silba está a punto de chocar contigo, te apartas y le dejas pasar con tu teléfono pegado al oído. Un hombre con un mapa de la ciudad te hace señas con la mano, decides no pararte y le haces un gesto indicando tu negativa mientras sigues tu camino.

De repente, justo cuando acabas de escuchar el mensaje de tu amigo, una mano te arranca el teléfono sin que tengas tiempo de reaccionar. En la precipitación, te caes de bruces y en lo que tardas en darte la vuelta no alcanzas a ver tu agresor.

Cuando te levantas, solo ves a cuatro personas, de espaldas, alejándose en dirección contraria: Laura, Patrick, John y Héctor. **Solo uno de ellos podría haberte robado**. Céntrate al nivel del corazón y deja que aflore tu intuición: ¿quién es el culpable? Escucha los mensajes, las sensaciones, deja rienda suelta a tu diálogo interior.

Una vez que has escogido una respuesta, abre el trozo de papel y verifica si has atinado.

EJERCICIO 2

Intuición y cuerpo físico

Este ejercicio será útil para alinearte de nuevo con tu cuerpo físico. Más allá del trabajo de desarrollo de tu intuición, te permitirá mejorar la recepción de los mensajes emitidos a través del propio cuerpo.

Para empezar la prueba, escribe sobre siete trozos de papel el nombre de los siete chakras principales: chakra raíz, sacro, del plexo solar, del corazón, de la garganta, del tercer ojo, y coronal.

Piensa en el lugar donde se ubican, en sus regiones respectivas en tu cuerpo y visualiza los siete puntos como si fueran unas esferas luminosas.

Dobla los papeles y mézclalos. Luego pregúntate en conciencia cuál de los chakras gira peor y necesitaría cuidados. Escoge un papel al azar y guárdalo bien cerrado en tu mano.

Cierra los ojos y deja que los mensajes acudan a ti. En ocasiones, puede que no ocurra nada durante largos minutos; mantente atento y escucha los estímulos generados.

El objetivo de este ejercicio es que tu cuerpo pueda mostrar con sus reacciones físicas (picores, escalofríos, comezón, calor, etc.) la respuesta a tu pregunta. Al dejar que se manifiesten la calma y la paz interior, te posicionas como receptor de mensajes y tu cuerpo físico podrá desempeñar su papel de transmisor con más facilidad.

Puedes variar este ejercicio modificando las preguntas y las respuestas.

Como cualquier práctica espiritual, te desaconsejo preguntar demasiado y demasiado a menudo. El objetivo es instaurar un modo de comunicación con tu «yo» interior, no forzar una respuesta absolutamente a todas tus preguntas.

EJERCICIO 3

Intuición y firma energética

Este ejercicio es relativamente sencillo: vas a aprender a visualizar en un plano invisible información relativa a las energías de las personas cercanas.

Para empezar, selecciona a las diez personas que te contactan más a menudo por teléfono y escoge para cada una un color y una forma diferente.

Por ejemplo:

◖ Tu madre estará asociada a un rombo verde.
◖ Tu hijo a un redondel rojo.
◖ Tu mejor amiga a un cuadrado amarillo, etc.

Una vez realizado el ejercicio, solo te quedará activar las notificaciones de mensajes de tu teléfono y **esperar a que alguien te escriba.**

Cuando suene el teléfono, no lo cojas espontáneamente, sino cierra los ojos y deja que venga a ti la información energética del remitente del SMS. Puede tomar la forma de una imagen (animales, objetos…), de un color o de una forma.

Repite este ejercicio hasta que la imagen asociada a la persona correcta se materialice en tu cabeza antes incluso de que recibas el mensaje. Esto significará que estás lo suficientemente conectado para sentir la intención de la otra persona hacia ti. Con la práctica, podrás recibir información sobre las personas solo con conectarte al impulso que les ha llevado a escribirte.

Recuerda una última cosa muy importante: te comunicas a diario con tus guías, y la mejor manera de transmitirles lo que deseas y lo que necesitas es decirlo en voz alta o por escrito.

Al acostarte, puedes anotar en un pequeño cuaderno qué ayuda o apoyo te gustaría recibir de parte de tus guías, o hablarles directamente de manera transparente. No se necesita ningún ritual para que esto ocurra, ya que te acompañan todo el tiempo.

Del mismo modo, tienes que saber que si estás despierto en plena noche, sobre todo durante varias noches seguidas, puede ser porque estás en un periodo en el cual canalizas información o mensajes importantes para tu futuro: incluso si la idea que te viene a la cabeza te parece absurda (pintar, cantar, cocinar), **escucha esa pequeña voz, porque a menudo estos mensajes son semillas que te ayudan a encontrar y a entender adónde tienes que ir y por qué.**

CAPÍTULO 6

Liberación transgeneracional del linaje de las mujeres

«Muchas cosas se aclararían si conociéramos nuestra propia genealogía».

Gustave Flaubert

Este capítulo es una adaptación del tratamiento energético *medeore* «La llama de Ankaa». Este tratamiento fue creado tras los numerosos testimonios de mujeres con dificultades para sentirse en su sitio sobre diversos aspectos de su ser: sexualidad, relaciones con los hombres, relaciones afectivas… o que poseían una visión del amor truncada.

Un gran número de estas mujeres pertenecían a esa categoría de mujeres amazonas que han sufrido enormemente por parte de un patriarcado que les impuso una sexualidad limitada o demasiado exacerbada para su gusto. Han tenido que lidiar con un modelo de servidumbre hombre/mujer que les impedía realizarse, o con una visión deplorable del hombre, a consecuencia de un número importante de memorias celulares recuperadas de su linaje, de las mujeres que pintaban a los hombres (consciente o inconscientemente) como un enemigo.

Sería erróneo considerar que este capítulo solo se dirige a las mujeres. Recordemos que nuestras vidas anteriores no son unisex, y que todos nos hemos encarnado unas veces en hombres y otras en mujeres. Si eres un hombre, te aconsejo igualmente hacer este tratamiento.

Este tratamiento está dividido en varias partes y te permitirá hallar de nuevo tu sitio en el corazón de tu ser, sin sacrificarte y sin desvivirte por el otro, reencontrando el principio del amor propio necesario para el equilibrio de una pareja o para los que quieren estar solteros y en paz.

Desprogramar el inconsciente

Acabas de empezar la página de tu viaje al núcleo de tu «yo» interior. Más precisamente un viaje al corazón de tu llama, la «llama de Ankaa», la que representa tu feminidad, tu yin, tu ternura.

A tu alrededor ya nada existe. El mobiliario del lugar en el cual te encuentras se torna borroso, tus oídos se protegen de todo ruido exterior y suave, lentamente, tu respiración se ralentiza. La sensación de relajación es tan grande que sientes la necesidad de apoyar la espalda contra un respaldo.

Tus músculos se relajan y tu voz posee ahora una tonalidad grave, te parece poderosa a la vez que tranquilizadora. Te guiará a lo largo de este viaje. Vas a vivir este tratamiento energético desde dos perspectivas diferentes: La de tu «yo» clásico, el que tiene este libro entre sus manos, lee las palabras y vivirá la limpieza de un modo directo. Y tu «yo» espiritual, el que posee la sabiduría y la distancia necesarias para la buena comprensión de lo que ocurrirá. La limpieza tendrá repercusiones sobre tu físico, tus emociones, tu conciencia, y también sobre tu memoria celular, que reúne todas las heridas y experiencias acumuladas durante varias vidas y generaciones atrás.

Tu «yo» espiritual observa a tu «yo» encarnado y vela por el buen desarrollo de las cosas. Cierras los ojos por un instante, ya no sabes dónde estás, y cuando te despiertas, te encuentras en un camino de tierra rodeado por dos ríos apacibles. Delante de ti se presentan dos caminos.

Observas el primero, el de la izquierda. No hay ninguna señal de indicaciones, es magnífico, flores de una rara belleza inundan el

parterre y el césped está reluciente y fresco. Algunos animales se pasean y cruzan la carretera sin preocupación, puedes oler desde aquí el delicado perfume de las flores. Miras a lo lejos, pero no hay nadie para decirte a dónde puede llevarte.

Decides ir a ver el camino de la derecha. Una señal con forma de flecha indica el camino a seguir. Decides tomarlo; el sol está parcialmente cubierto, hay algunas nubes, no hace ni frío ni calor. El camino es pedregoso y hay algunos agujeros, pero sigue siendo transitable. La vegetación no es tan fresca como la del otro lado; la hierba está seca y ha desaparecido en algunos lugares. Miras de nuevo a lo lejos y ves a algunos miembros de tu familia, están de espaldas y demasiado lejos para oírte. Consideras los dos caminos: el de la izquierda es muy tentador, pero no hay nadie y parece demasiado hermoso para ser verdad, algo te molesta.

Al final decides tomar el camino de la derecha, que te tranquiliza más. Mientras estabas sumido en tus reflexiones, los miembros de tu familia han avanzado y ya no hay nadie, avanzas solo, intentando evitar los agujeros y las piedras. Caes de vez en cuando, pero te levantas intentando estar más atento.

El camino no se acaba. No entiendes por qué este penoso trayecto no cesa. Te sientas, frotándote las rodillas doloridas de tanto caerte. Te sientes solo y sin recursos. De repente, notas detrás de ti a un grupo de personas: son los miembros de tu familia. Aliviado, te levantas y corres hacia ellos. Un familiar te pregunta por qué estás ahí. Le contestas que les has seguido porque estabas perdido. Todas las miradas se centran en ti. Los miras detenidamente

y notas que sus rodillas están cubiertas de marcas y cicatrices: están ahí desde hace mucho más tiempo que tú, dando vueltas, perdidos.

Entiendes que era el camino de la izquierda el que tenías que haber escogido, **pero en ausencia de indicaciones, no supiste identificar cuál era la senda correcta. Sin embargo, has reconocido instintivamente el camino pedregoso y difícil, porque conocías la dirección: es el camino de tu linaje transgeneracional. Por miedo al cambio y a la renovación, todo el mundo prefería seguir el camino preestablecido sin poner en tela de juicio su dolor y dificultad. Entiendes que todos tus fracasos amorosos no podían haber sido de otra manera, ya que caminabas sobre esta carretera, estabas destinado a caer o a tropezar en un momento u otro.

Decides en conciencia liberarte «tú» y a todo tu linaje transgeneracional, pasado y futuro, de unos esquemas amorosos kármicos repetitivos y dolorosos. Instalas una señal de acceso prohibido en el inicio del camino de la derecha y tomas el camino izquierdo, sintiéndote más liviano como consecuencia de esta liberación.

Caminas por un magnífico camino verde cuando un portal energético se materializa delante de ti. Estás invitado a realizar un salto espaciotemporal a través de tus diferentes vidas anteriores. La curiosidad te espolea y saltas a pies juntillas cruzando el portal. Aterrizas en una estancia oscura. Hay un taburete, te diriges hacia él y te sientas. Atravesando la estancia, un haz de luz proyecta el desfile de todas tus vidas pasadas sobre una pared.

Las épocas y los decorados cambian, pero observas similitudes: a veces un hombre, a veces una mujer, la pareja siempre fue un trance para ti. Has vivido las vidas de mujeres maltratadas, violadas, sometidas, incluso esclavas. Tu confianza en el hombre fue herida. Has conservado una imagen del hombre peligrosa y se ha generado hacia él la desconfianza como norma. Entiendes por qué te cuesta confiar, y sobre todo que tu fe fue traicionada en esta vida una vez más. Repites el mismo guion una y otra vez sin poder salir del laberinto.

Decides perdonar a esos hombres el mal que te hicieron, y al mismo tiempo te liberas de esos esquemas de miedo y de recelo que atraían hacia ti esas situaciones.

La película sigue, y esta vez ves tus reencarnaciones como hombre. Sientes el temor de no poder atender las necesidades de tu familia, así como la aplastante responsabilidad de ser cabeza de familia. Te sientes tan atrapado, que tu chakra de la garganta está contraído. Comprendes ahora por qué la parte yang de tu personalidad necesita independencia y sientes empatía por los hombres de tu vida que temían proyectarse, que tenían miedo de construir una vida de familia o iniciar una relación. Les perdonas esos actos porque has entendido su sufrimiento y de ese modo liberas tu linaje, a la vez que tus «yo» de vidas anteriores, de esos miedos y de esos bloqueos. La película se acaba, la luz se enciende, ves una salida al otro lado de la estancia, te diriges hacia ella y sales.

Entras en un sitio extraño, muy colorido; en el centro hay un escenario rodeado de butacas vacías. Te percatas de que estás en un

circo. En lo alto ves a dos funámbulos, y dos cables pasan por encima de la tarima.

El espectáculo empieza: los dos funámbulos, un hombre y una mujer, están a cada lado del escenario. Se miran con ternura y avanzan cada uno por su cable hasta llegar a la misma altura. Parecen enamorarse; el hombre hace grandes movimientos y volteretas para seducir a la mujer. Se desean, se cortejan, van y vienen hasta que el hombre lleva a la mujer en brazos a la vez que se mantiene en equilibrio sobre el cable.

La pareja juega mucho, no se separan, la mujer decide entonces cortar su hilo, porque ya no le es de ninguna utilidad. Al cabo de un tiempo, el hombre está cansado de llevar a su compañera, echa de menos hacer piruetas y añora la época en que podía caminar solo por su cable. Decide, pues, dejarla en la extremidad del cable. Siguen divirtiéndose y se encuentran a mitad de camino. Sin embargo, el hombre quería saltar y recaer sobre el alambre, pero el peso de la mujer modifica las distancias y ya no lo consigue. Ella decide entonces volver a su lado y quedarse ahí. Ella añora también los días en que tenía su propio cable, pero cegada por su encuentro con el funámbulo, lo cortó y ya no tiene a donde ir. Termina por sentarse a la espera de las raras veces en las que él vuelve para saludarla.

Observas la escena, que te trae muchos recuerdos. Eres esa funámbula que también ha cortado su alambre. Te das cuenta de que dejaste de lado tu propia línea de vida, tu esencia, tus costumbres y tus necesidades para satisfacer plenamente las de la otra persona. Ahora bien, esta última ha seguido viviendo como antes una

vez pasado el entusiasmo propio de los inicios. Te has extraviado mientras esperabas que un funámbulo sacrificara su cable y se quedara al borde, tal como hiciste tú.

Entiendes que la felicidad de tu pareja pasará por la reconstrucción de ese cable, de tu vida, de tu «yo». Visualizas tu vida actual de pareja. ¿Si reanudaras tu cable, qué harías por ti? ¿Cómo te gustaría divertirte y recuperar tu alegría de vivir sin la otra persona? Una vez arreglado el alambre, abandonas el circo, dejando atrás a los dos funámbulos divertirse y jugar sobre sus cables respectivos.

Sales de la carpa y aterrizas en un lugar nuevo. No reconoces el sitio. Racimos de uvas adornan las paredes de ladrillo. Puedes ver un tonel gigantesco. Un néctar rosado y centelleante cae del cielo llenándolo, pero hay un agujero en la parte inferior por el cual se derrama el líquido rosa y pierde toda su claridad. Adivinas que estás ante el tonel de las Danaides. En la mitología, las Danaides fueron condenadas a rellenarlo eternamente. Quieres a toda costa rellenar ese tonel para guardar para ti ese magnífico néctar rosado.

Ves a una persona a lo lejos. La llamas. Se acerca y viene a ayudarte inmediatamente para intentar parar el derrame. Su aparición te llena de alivio, hasta que la persona se va, cansada de tener que mantener la mano contra el agujero en una postura incómoda. Estás a punto de llamar a otra persona, cuando comprendes que nunca vendrá nadie a tapar ese enorme agujero. Nadie querrá quedarse a tu lado por mucho que el néctar sea delicioso.

Sabes que la solución a este problema no puede venir más que de ti y solo de ti. Materializas una burbuja violeta de protección y de amor propio alrededor del tonel. Esta burbuja sella inmediatamente el agujero y el tonel empieza a llenarse despacio. Sientes en tu chakra del corazón una sensación de plenitud y tranquilidad, tu ser recobra su integridad. Ya no necesitas buscar fuera de ti el amor para sentirte bien. El tonel ya se ha llenado, y lo tapas. Sabes que cada vez que sientas el miedo al abandono, a la soledad, o a no ser amado, podrás volver a este lugar y sentir la presencia reconfortante de este tonel repleto y protegido.

Dejas atrás el lugar y llegas a la última etapa de tu periplo: el muro del perdón.

Puedes ver colgados en una pared una multitud de retratos ilustrando tu historia personal. Todas esas caras son las de los hombres que no te han respetado en tu actual vida. A los que has entregado tu confianza y que la traicionaron. A los que dejaste entrar en la intimidad de tu chakra sacro sin real sentimiento o sin convicción. Aquellos por los cuales sacrificaste tu propia integridad, tu bienestar físico o emocional.

Contemplar de frente ese muro no es tarea fácil, ya que muestra de manera muy directa la consecuencia de una gran falta de amor y de respeto que no conseguiste mantener para ti durante esas pocas ocasiones. **Pero ahora entiendes que has limpiado y liberado tu linaje familiar, a la vez que tus diferentes vidas anteriores.**

Sabes que has rellenado tu chakra del corazón con el néctar rosado de la autoestima y que ya no tiene fugas; por lo tanto, ya puedes

perdonar a todas esas personas que te han hecho daño, solo eran el reflejo de la manera en la que te tratabas.

A medida que tomas conciencia de ello, puedes ver que las caras desaparecen del muro. Sientes que tu pecho y tu plexo solar se liberan de un peso mientras dices:

«Os perdono».

Para terminar, te diriges hacia una vela violeta colocada al pie del muro. Esta vela representa el perdón que te concedes a ti mismo: te perdonas, en conciencia, de haber tomado malas decisiones, reconoces haber estado sufriendo y haber hecho todo lo posible en ese momento con los elementos de que disponías.

Dejas que la vela se consuma mientras el muro se desvanece, **sientes que tu viaje ha concluido.** Notas de nuevo la conexión con tu llama femenina: la «llama de Ankaa», la llama del respeto y la autoestima. Te guiará en todos los sitios, vayas donde vayas, y difundirá su energía en tu vida cotidiana. Puedes recurrir a ella cada vez que sientas que pierdes el cable que te sostiene o que tus antiguos esquemas vuelven a la superficie.

Estás ahora de vuelta en la piel de tu «yo» espiritual, que observa a tu «yo» físico con compasión y emoción. Te repite por última vez que está para protegerte y que te guía en cada momento a través de la intuición. Sientes que estás de vuelta en tu cuerpo físico y abres lentamente los ojos.

Tu tratamiento energético de liberación de la «llama de Ankaa» ha llegado a su conclusión, puedes estirarte despacio e hidratarte.

Algunas emociones pueden aflorar durante las próximas 72 horas. Es una reacción normal durante un tratamiento: las emociones reprimidas surgen para ser desechadas. **Acoge esas emociones, ya sean tristes o alegres,** como una parte integrante de tu proceso de limpieza.

Reprogramar la conciencia

EJERCICIO

Definir su marco de referencia

A menudo, cuando aceptamos más de lo que quisiéramos, es porque nos falta un marco de referencia. ¿Cómo saber lo que podemos aceptar si no hemos definido lo que deseamos en lo más hondo?

Te invito a escribir lo que deseas para cada uno de los temas siguientes: usando la escritura como soporte, das vida a tu lista interna de valores. Cada vez que algo o alguien te pongan en una situación en la cual dudes que serás respetado, relee este fragmento y autoriza solo lo que hayas decidido previamente.

¿Qué tipo de sexualidad?

Deseo:

¿Qué tipo de relación amorosa?

Deseo:

¿Qué es lo que no puedo perder de vista,
incluso estando en pareja?

Deseo:

¿Qué actitud espero por parte de mi pareja?

Deseo:

¿Qué tipo de detalle mostraría que me tengo
amor a mí mismo?

Deseo:

CAPÍTULO 7

Liberación del sufrimiento emocional

«Cuando dejamos de reconocer
nuestras emociones, dejamos
de comprender el sentido
de nuestras experiencias».

Nathaniel Branden

Todos hemos vivido en un momento u otro una experiencia de sufrimiento emocional tal, que llegamos a pensar que nuestro corazón no se recuperaría. Las heridas emocionales terminan por desaparecer en la conciencia cuando consigues pasar a otra cosa, pero subsisten fisuras energéticas al nivel de tu chakra del corazón en los cuerpos emocionales y energéticos. Estas fisuras son como fugas de energía que te vacían a pesar de tu buena voluntad.

**Las separaciones y las decepciones amorosas
deben ser tratadas de manera binaria:**

En el eje consciente: sin pasar por alto que una ruptura siempre ocurre por una buena razón y que es inútil enfermar durante meses, incluso años, por una persona que realmente no te corresponde. Esta etapa requiere el acompañar a tu conciencia a aceptar esto. Puedes también leer y releer el libro *Merci Connard*[4], una obra centrada sobre la liberación del sufrimiento emocional en el ámbito afectivo.

En el eje inconsciente: limpiando los residuos de decepción, ira, tristeza, de no aceptación, que la relación venida a menos haya podido dejar en ti.

---

[4]   Éditions Contre-Dires, 2021.

El siguiente tratamiento te va a permitir leer el libro de tu antigua relación, guardando únicamente los recuerdos, siendo luego capaz de cerrarlo sin arrepentimientos. **Vas a poder encontrar en ti la aceptación y la resiliencia necesarias para dejar de sufrir por otra persona que no seas tú.** Eres la persona de la que hay que ocuparse, y llorar por un tercero no es hacerte un favor. Mereces ser amado y mimado, y para ello vamos a empezar liberándote de lo que ya no necesitas.

Desprogramar el inconsciente

Durante este tratamiento en lectura meditativa, vamos a explorar y curar varias memorias bloqueadoras en relación con el amor **y vamos a cortar y liberar los lazos tóxicos que te aprisionan.**

Empiezas el viaje en la base de tu corazón: colocas tu mano encima y escuchas cómo late. Rebosa de sufrimientos, heridas, tormentas; sin embargo, late y lucha una y otra vez por ti.

Empiezas, por lo tanto, por agradecerle y mandarle amor para mostrarle todo el reconocimiento que sientes por él. Imagina un tubo luminoso, color rosa y dorado, bajando del cielo, lleno de puro amor, desprovisto de ego, de sufrimiento. Solo es energía revitalizadora y reparadora.

A medida que el tubo llena tu corazón, puedes ver cómo recupera su apariencia, su forma se fortalece, sus líneas ganan en nitidez y aumenta su vitalidad. **Simultáneamente, tus latidos se han apaciguado, te sientes como rodeado de algodón, flotando ligero. En ese preciso instante nada te puede sacar de ese estado, experimentas la serenidad.**

Cuando estimas que tu medidor de amor ha llegado a su tope, puedes volver a subir el tubo luminoso. Ten en cuenta que puedes volver a realizar esta visualización en cualquier momento.

Como un parche gastado, puedes ver que las fisuras energéticas de tu chakra del corazón dejan escapar la energía del tubo que acabas de infundirle. Vamos, una tras otra, a sellarlas y sanarlas. Dirígete hacia la que te parezca más abierta.

¿Qué rostro te aparece de manera espontánea? ¿Es una expareja? ¿Una antigua amistad o un miembro de la familia? Una vez que el rostro de la persona que te ha herido emerge, puedes llamar a tu «yo» superior. Este es tu parte más sabia, carente de ego. La que entiende los acontecimientos y retos de la reencarnación sin juzgar. Puedes materializar tu «yo» superior como lo desees. Por mi parte, me gusta imaginar el mío bajo la forma de una identidad maya, vestida y maquillada según la tradición nativa, pero esto es personal, escoge la apariencia que te inspire más.

Agarra las manos de tu «yo» superior y entrégale ese sufrimiento: en tu mano aparece el puñal energético y emocional causante de tu herida. Una vez depositado el sufrimiento, pregúntale cuál es la enseñanza tras esa relación.

Puedes obtener una respuesta precisa, imágenes o sensaciones, incluso recuerdos fugaces, o no sentir nada. Cierra los ojos durante unos minutos y deja que la información venga a ti.

Si no ocurre nada, no fuerces, las enseñanzas que experimentamos no necesitan ser conscientes para ser adquiridas. Nuestro inconsciente recibe una enorme cantidad de estímulos y mensajes y los trata luego a su modo.

Una vez que has terminado con ese sufrimiento, puedes verlo curarse directamente en tu chakra del corazón: la herida se cura de forma instantánea, y pronto no quedará ni rastro de la herida. **Repite este ejercicio por cada herida presente hasta que tu chakra del corazón quede como nuevo.**

Acabas de terminar la parte de la cicatrización. Sin embargo, una nueva etapa es necesaria y vital antes de poder abrirte de nuevo a otra persona; consiste en cortar todos los lazos que te unen a tus exparejas, con el objetivo de dejar hueco a una nueva energía.

Te encuentras en una estancia oscura. A tu alrededor, decenas de espejos. Tu reflejo se expande por toda la habitación, dada la débil iluminación. De repente, cuerpos fluorescentes y luminosos con forma humana aparecen en cada espejo. Algunos son idénticos y se pueden ver múltiples veces. Cordones luminosos fluorescentes salen de tu chakra del corazón y lo unen a cada una de esas figuras.

Puedes sentir la historia y el conjunto de errores compartidos con cada alma presente en esa habitación. Conoces a algunas de ellas desde hace decenas y decenas de vidas. Tus relaciones fueron a veces felices, a veces destructivas. Decides quedarte solamente con la experiencia y el amor compartido con ellas y declaras la intención de cortar todos los vínculos energéticos y emocionales tóxicos, negativos o de sufrimiento que te unen a esas almas.

A tu derecha hay una mesa de carpintero; sobre ella, se encuentran tres herramientas diferentes: unas tijeras pequeñas para las relaciones furtivas que te conmocionaron nada o muy poco, un cuchillo de media luna con una hoja saliente para las relaciones de las que no tienes a veces ganas de librarte, y una sierra circular para las relaciones muy tóxicas o de dependencia en las cuales te pierdes y no consigues salir.

En frente tuya, en cada espejo, las siluetas te observan. Puedes empezar tu limpieza plenamente consciente: mira el espejo y la forma vinculada a él y coge la herramienta que se te ocurra de forma espontánea. No necesitas saber a quién está ligada esa relación en esta vida, aunque a veces los rostros puedan aparecer. Después agarra la herramienta y corta el tubo fluorescente que te une, estableciendo la intención de liberarte.

**Haz lo mismo con cada espejo.
Si esta limpieza te agota, tómate un descanso
y retoma la lectura más tarde.**

Una vez concluida esta etapa, vamos en conciencia a abrir de nuevo tu chakra del corazón:

Al igual que una casa cerrada a cal y canto que se negara a abrir su puerta a nadie, cerraste las puertas a la felicidad. Visualiza una casa que se parezca a ti: la fachada tiene seis ventanas, todas cerradas. La casa es austera, y decides que de ahora en adelante dejarás entrar la luz. Penetras en el interior y empiezas a abrir de par en par cada una de las ventanas, incluidas las contraventanas; el aire empieza a entrar y a modificar las energías del lugar.

Una energía color rosa claro invade cada una de las estancias y purifica el interior. Una vez que todo está limpio, te dispones a bajar la escalera cuando de repente alguien llama a la puerta. Bajas rápidamente los escalones y abres: te encuentras con Confianza, que desea entrar e instalarse en tu casa. Le das la bienvenida con alegría y la invitas a escoger una habitación. Detrás de ella, se presenta otra invitada; corres de nuevo hacia la puerta,

intrigado, y ahí está la Serenidad. Le siguen de cerca Resiliencia y «Dejar Ir»[5], que entra por la portilla.

Cada comensal se sienta a la mesa alrededor de una buena comida, pero te das cuenta de que una silla está vacía. Falta alguien. Deseas sentirte completo y pleno, por ello vas tú mismo a abrir la puerta y a buscar la pieza faltante del puzle, el invitado ausente de este momento cordial. Abres la puerta y te encuentras con Amor. Abre sus brazos y te envuelve contra él durante largos minutos. Puedes sentir la armonía y la fusión entre vosotros.

Puedes quedarte todo el tiempo que quieras en ese lugar y volver tan a menudo como lo necesites. **Tu chakra del corazón está ahora lleno de nuevas energías.**

---

[5] «Dejar ir»: expresión usada en América Latina, traducción del francés: «*lâcher-prise*», forma de liberación psicológica consistente en desligarse del deseo de control. [*N. del T.*]

Reprogramar la conciencia

EJERCICIO

Ir a contrapié

Para este ejercicio, te pediré que cojas un folio y un bolígrafo y apuntes una sola frase:

«Debo llorar por… porque…»

En este ejercicio, vas a tener que anotar todas las razones que hacen que tengas que llorar por la relación que todavía te hace infeliz. Una vez terminado el ejercicio, lee el resto del texto.

Si has llegado a este pasaje, es que acabas de terminar tu lista de «debo llorar por…». Este ejercicio se llama «Ir a contrapié» porque si relees el folio, te vas a dar cuenta de que:

🌙 O no has apuntado nada porque no tenías nada que decir.

🌙 O al releerte, las frases que has escrito no aparecen como verdades, sino como mentiras de la conciencia que quiere mantenerte bajo su control, y pueden incluso parecerte totalmente absurdas.

Al ego le gusta cuando estás triste porque se siente útil, te quedas en su compañía, quejándote y tergiversando. De ahora en adelante, no queremos permanecer rodeados de esa energía y **deseamos abrir los ojos.**

Tomemos por ejemplo una carta tipo que ilustra el ejercicio:

- Debo llorar por Jonathan porque le amo.
- Debo llorar por Jonathan porque quería formar una familia con él.
- Debo llorar por Jonathan porque en el fondo le amo todavía.

Leyendo tus respuestas, puedes darte cuenta de que no contestas de manera factual, porque si hubieras contestado de manera factual y no emocional, hubieras escrito esto:

- No puedo llorar por Jonathan, porque le quiero, pero ese amor no es recíproco y merezco alguien que me quiera realmente.

- No puedo llorar por Jonathan, porque quería fundar una familia, pero no con una persona que no está segura de querer una.

- No puedo llorar por Jonathan porque, me ame o no, la realidad es que ya no estamos juntos y todo ocurre por una razón precisa, la separación no ha sido baladí.

No podemos escoger cómo evolucionan las cosas, y menos en una relación amorosa en la cual la mitad de la relación depende de la otra, **pero podemos escoger cómo deseamos ver las cosas.**

CAPÍTULO 8

Liberación
de las relaciones tóxicas

«No dejes que personas negativas
y tóxicas alquilen el espacio
dentro de tu cabeza. Súbeles el alquiler,
y, si es necesario, échalas a la calle».

Robert Tew

Si has vivido una relación tóxica traumática, a partir de ahora puedes expresar con palabras este tipo de unión. Estas relaciones están expuestas a la vista de todos, y si hubo un tiempo en el cual las palabras «temperamental», «perfeccionista» o incluso «impulsivo» eran empleadas cuando hablábamos de una persona cuya convivencia es difícil, ahora las personas tóxicas son claramente identificadas y el término «perverso narcisista» está ahora en boca de todos. Estas relaciones destructoras dejan profundas heridas a quien las dejó, con dificultad, crecer en su vida, frecuentando el infierno de un vertiginoso y absoluto descenso hacia la pérdida de uno mismo… Sin embargo, las relaciones tóxicas nos enseñan valiosas claves de evolución.

Un jefe despótico, un enamorado liberticida o bien una amiga sin buenas intenciones… Las personas tóxicas no son nunca realmente conscientes de su estado. Son personas con profundas heridas en su amor propio, que han sufrido siendo niños una falta de amor real o a veces insaciable. Por lo tanto, no disponen de códigos de conducta alternativos al que utilizan en el día a día. Lejos de nosotros la idea de excusar sus comportamientos odiosos y destructores, pero una de las claves de liberación poderosa es la empatía: entender que detrás de cada acto o actitud nociva se encuentra una persona enferma que no sabe qué hacer para salir de esa situación. La salida más sencilla para ellos es verter su malestar sobre una persona solar (tú), de la que extraerán toda la energía, todo el amor y la benevolencia ausentes en ellos.

Si has frecuentado a una persona tóxica, seguro que has sentido los siguientes síntomas: pérdida de confianza en ti, desfase entre el corazón y la mente, descenso de la autoestima, miedo a ser uno mismo, amoldamiento a lo que el otro espera, cambios de ideales, preferencias, principios y valores, ascensor emocional entre periodos de gran euforia y de felicidad y discusiones infernales, dependencia de ese maltrato, dificultad para liberarse de ello, ansiedad, incapacidad de proyectarse en el futuro, aislamiento, alejamiento de las personas cercanas, vergüenza y agotamiento psíquico.

Cuando nos enfrentamos a una relación tóxica, incluso a varias en contextos diferentes, atravesamos una prueba cuyo objetivo es hacernos entender nuestro valor y afirmar nuestro verdadero «yo». Estas relaciones destructivas nos ofrecen la posibilidad de liberarnos de la mirada y de la opinión ajenas para poder encontrarnos realmente y elevar nuestra autoestima, con el resultado de que nadie podrá venir a conmocionarla. La constatación es muy sencilla: si has trabajado y has hecho prosperar el amor y el respeto que sientes hacia ti, ya no atraerás a este tipo de personas por la sencilla razón de que emitirás algo demasiado imponente para ellos y preferirán buscarse a una víctima más frágil.

Gracias al siguiente tratamiento, vas a poder cortar de manera definitiva con los vínculos de esas relaciones que te unían al pasado con el fin de poder empezar a edificar tu fortaleza interior, que será inexpugnable.

Desprogramar el inconsciente

Abres los ojos y miras a tu alrededor. Todo está a oscuras. Los muros de gruesa piedra dejan pasar la luz del día a través de un minúsculo tragaluz. Tus manos y tus pies están atados con unas cadenas muy fuertes. Te cuesta mover los miembros y prefieres quedarte postrado. Te sientes solo y perdido en este sitio lúgubre.

**Te preguntas cuánto tiempo llevas ahí,
y el pánico se apodera de ti: ¿quién querría
permanecer en este lugar?**

Intentas mover tus cadenas y buscas una salida, cuando ves una mano pasar por el resquicio del tragaluz: es tu pareja. Su mano tiene un pequeño frasco medio lleno. Lo atrapas y tragas su contenido de un golpe, entonces vuelves a caer en un estado comatoso y te duermes de nuevo. Tu conciencia ya no está en ese lúgubre calabozo y consigues abstraerte del lugar. Para conseguir cortar los lazos tóxicos que te mantienen atado a ese perverso narciso, o a cualquier otra persona que abuse de ti, vas a efectuar un pequeño viaje iniciático de limpieza y de liberación energética. Tu cuerpo físico y tu mente se han quedado en la estancia, pero tu alma no tiene límites ni frontera alguna y es ella quien va a buscar su propia emancipación.

Tu conciencia sigue elevándose y flota hasta un gran edificio blanco. Sobre el escaparate está escrito «Experimentos científicos». Sorprendido e intrigado, decides entrar. Se está impartiendo un curso magistral, el científico tiene delante de él dos cacerolas. Sus alumnos escuchan, silenciosos. **En la pizarra está escrito «El experimento de las dos cacerolas».** Observas con detalle y puedes ver dos ratas en unas jaulas. El hombre empieza

el primer experimento y suelta una rata en la primera cacerola llena de agua hirviendo. La rata se quema ligeramente y salta fuera del agua, asustada. El hombre se apresura a curar al animal y lo devuelve a su jaula. Todo el mundo observa sin entender lo que está ocurriendo y espera con impaciencia la continuación del experimento. El hombre atrapa a la segunda rata y la coloca en la segunda cacerola; esta vez el roedor no reacciona y deduces que el agua está fría y, por lo tanto, no hay nada que temer. Pasan algunos minutos y de repente, el agua se pone a hervir. El científico ha ido aumentando poco a poco el fuego. El agua hierve, pero **el animal no muestra ninguna señal de resistencia, e incluso ya ni se mueve.**

El científico interrumpe el experimento y cura al animal, levemente escaldado, antes de meterlo de nuevo en su jaula. El hombre, por fin, explica los detalles del experimento: si estás sometido de repente a algo intenso y doloroso, saltarás al igual que la primera rata fuera de la cacerola, tus reflejos de supervivencia emitirán una alarma. Sin embargo, si te someten lentamente al sufrimiento, ínfimo al principio y después cada vez más intenso, tu mente no sabrá como sustraerse a esa situación. Por un lado, estará acostumbrada al dolor, cuyo aumento habrá sido progresivo, y por otro, atónita e inmóvil cuando el dolor alcance su paroxismo.

Esa rata eres tú.

Este experimento es realista. Ha sido utilizado en psicología para demostrar la fuerza del sometimiento mental que algunas personas pueden ejercer cuando manipulan a diario a sus víctimas. Eres

ese animal indefenso que ha soportado esos sufrimientos ínfimos al principio y que poco a poco se han vuelto inhumanos. A partir de ahora tu mente trasladará lo vivido con este experimento, y en cuanto se manifiesten las primeras señales, será capaz de saltar de la cacerola para protegerse.

Echas un ojo a las jaulas antes de irte: las ratas se han recuperado, las heridas han desaparecido.

Sales del laboratorio más fuerte, has entendido una de las nociones más importantes de tu liberación: cada episodio de sufrimiento infligido, incluso mínimo, no es aceptable, no dejarás a nadie el poder ni la oportunidad de manipularte y jugar contigo. Tu liberación mental se ha llevado a cabo perfectamente, pero todavía queda por liberar tu cuerpo físico y extraerte del lugar donde te encuentras.

Regresas a tu cuerpo y abres los ojos. Los efectos del frasco empiezan a disiparse y te sientes mejor. Te levantas y vuelves a buscar cómo salir de ahí.

Una vez más, la mano derecha de tu pareja o expareja se cuela por el tragaluz y te acerca otro frasco. Estás a punto de cogerlo y de tragarte su contenido de golpe, pero **ahora has cambiado**, algo en ti desconfía. Examinas el frasco y lees en voz alta su etiqueta: «amor». Esta es la razón por la cual no te quitabas las cadenas y esperabas con paciencia tu dosis de amor suministrada en pequeñas cantidades, coincidiendo únicamente con los momentos en los cuales decidías escaparte. Despegas la etiqueta del frasco y descubres la verdadera naturaleza del líquido contenido: «depen-

dencia». Durante semanas, meses, años has vivido con la plena convicción de estar recibiendo amor; en pequeñas cantidades, cierto, pero te conformabas con ello. Cuando en realidad estabas sorbiendo un suero de dependencia. El sentimiento de amor que creías obtener era tan tranquilizador, que te daba la impresión de ser querido y cancelaba cualquier anhelo o tentativa de fuga. Coges el frasco y en conciencia lo tiras por el tragaluz. Has decidido no depender más de nada ni de nadie. La estancia gira sobre sí misma y los muros desaparecen.

Te has liberado.

Cuando pensabas haber salido del paso, reconoces de inmediato el lugar escondido tras el calabozo: un laberinto. Este laberinto es el caos de tus pensamientos. Un perverso narcisista no cesará de confundirte y de interferir tu señal interna y la conexión profunda que mantienes con tu alma. Para salir, vas a tener que pensar por ti mismo, pensar en ti y confiar en ti. Vas a tener que volver a ser tú y dejar atrás la persona dependiente y débil que solías ser.

En el suelo hay tres hilos de color extendidos: uno negro, uno rosa y uno blanco. Gracias a tu conciencia liberada puedes ahora elevarte por encima de este laberinto: el hilo negro no lleva a ningún sitio. Ves que va de un lado a otro del laberinto sin llegar a ninguna parte. Representa la tortura psicológica que un perverso narcisista te inflige: siembra el caos en tus pensamientos y hace que cualquier tentativa de evasión se vuelva confusa. Por mucho que lo intentaras, resultaba imposible salir. Terminabas siempre por volver de nuevo al centro del laberinto y, resignado, volvías a coger otro frasco. Coges unas tijeras tiradas en el suelo y cortas

en conciencia el vínculo negro que simboliza el control que tiene la otra persona sobre tus pensamientos. Poco a poco recuperas la claridad de ideas. Coges después el hilo rosa y lo sigues. Tras algunos rodeos, descubres que lleva a la fuente. **La fuente infinita de amor: tu chakra del corazón.**

Ya ni siquiera necesitas un frasco, puedes venir a saciarte directamente en el corazón de tu centro energético. Ahí, el amor se encuentra a profusión en el centro de tu corazón. Solo queda el hilo blanco: el que pertenece a la conciencia despierta. Sigues el brillante hilo blanco y alcanzas la salida en unos segundos.

Abandonas el lugar sin siquiera darte la vuelta. Has resuelto el problema interno que te vinculaba energética y emocionalmente a la atracción de personas tóxicas en tu vida. A partir de ahora, has modificado tu nivel de vibración y ya no atraerás a este tipo de personas.

Con todo, deseas llevar a cabo una prueba y materializas a tu pareja o expareja perversa narcisista o tóxica frente a ti. Ahí donde previamente hubieras podido sentir una atracción y un sentimiento de necesidad, ya solo existe la indiferencia. Llegas incluso a sentir lástima por esa persona que sufre internamente y que adopta una actitud de perversión narcisista para aliviar su dolor. No obstante, ya no sientes amor. Le deseas que se cure y te alejas sin un solo arrepentimiento.

Has terminado tu viaje y tu liberación de las relaciones tóxicas, tu chakra del corazón podrá ahora permitirse atraer a nuevas personas bondadosas y afectuosas.

Reprogramar la conciencia

EJERCICIO 1

Purificar su hábitat

Si has frecuentado a través de una relación amorosa o de amistad a una persona tóxica, has convivido con energías que han hecho decaer tu nivel vibratorio general, sobre todo si esas personas han entrado en tu hogar o vivieron en él.

Esas energías son entidades que se nutren de tu angustia, de tu tristeza, de tus miedos; cada vez que las alimentas, estas se instalan todavía más. El objetivo de este ejercicio es en un primer momento liberar lo más posible ese amasijo negativo que merodea por tu cascarón personal.

Para purificar tu hábitat, habrá que dotarse de un manojo de salvia o de palo santo (lo podrás conseguir en tiendas especializadas en esoterismo o en Internet). El ramo se usa para fumigar, solo bastará con encender la punta del ramo para que un humo purificador empiece a elevarse. Abre de par en par las ventanas para que todos los residuos energético-emocionales salgan por ahí y empieza a pasar la salvia meticulosamente por todas las habitaciones. Extiende el humo en cada borde de las paredes: empieza por los bordes inferiores, continúa a lo largo de la pared para luego seguir por los bordes superiores, pasando siempre el ramo a lo largo del borde de la pared, y termina por los de las esquinas de cada pared.

Repite esta técnica en cada estancia. No dudes en repetir la limpieza con regularidad, cada vez que sientas que estás rodeado de energías negativas.

EJERCICIO 2

La criba

Si has estado en contacto con una persona tóxica, puedes tener todavía en tu posesión regalos suyos, u objetos que le pertenecen o que están vinculados a su recuerdo.

En la medida de lo posible, se aconseja deshacerse de todo lo que pueda estar en relación con estas personas, para no reactivar, cada vez que te encuentres con el objeto, una suerte de recuerdo que te ataría siempre a ellas.

Si no quieres separarte del objeto, porque es de gran valor (un sofá, un coche), purifícalo con salvia para eliminar la huella negativa que subsista e intenta en la medida de lo posible apropiarte de un modo nuevo del objeto (cubriendo con una manta de color diferente el sofá, añadiendo unas fundas sobre los asientos del coche o poniendo decoraciones o pegatinas); el objetivo es modificar la energía y la relación que mantienes con él.

EJERCICIO 3

Anota los puntos de acceso de la relación tóxica en nuestra vida:

¿A través de qué grietas tu o tus últimas parejas consiguieron entrar en tu vida?

- ¿Falta de confianza?
- ¿Miedo a ser abandonado?
- ¿Soledad insoportable?

Haz una lista con las razones que te hicieron aceptar ese tipo de perfil para saber detectarlos mejor durante futuros encuentros:

CAPÍTULO 9

Liberación de las memorias ligadas a los abusos sexuales

«La resiliencia evoca la recuperación después de un trauma.
Hace referencia a la capacidad humana de enfrentarse, integrar y ser transformado por las experiencias aversivas».

Marie Anaut

Este capítulo aborda un tema muy delicado, pero trata de hechos desgraciadamente demasiados corrientes. Los abusos sexuales incluyen los tocamientos y el acoso sexual y conciernen tanto a las mujeres como a los hombres.

Quizás algunos de vosotros se salten a propósito este capítulo, pero recordemos que nuestra memoria celular encierra un condensado de todas nuestras vidas pasadas a la vez que los traumas de nuestro linaje. Por lo tanto, aunque no estés directamente afectado por el tema incluido en este capítulo, quizás haya reminiscencias del pasado pendientes de liberar para así poder hacer, por fin, tabla rasa de ello.

Este tratamiento te invita a cerrar de una vez por todas la caja de Pandora y todo su contenido en términos de energías y de emociones. Hoy tienes cita con el mañana, el ayer ya no existe, avanzas liberándote de todo lo que ya no te pertenece.

Desprogramar el inconsciente

Abres los ojos y te encuentras en una enorme esfera esponjosa. Los tonos anaranjados te son familiares, tienes la sensación de estar casi en ingravidez sobre una nube. Giras la cabeza y reconoces la matriz: el lugar de la creación de tu vida. El sitio donde pasaste nueve meses, resguardado y mimado por tu madre. **Ese lugar reconfortante donde sentías que nada te podía afectar.**

Te levantas y avanzas atravesando la esfera. Sabes que para que vuelva de nuevo a ser esa envoltura tranquilizadora y cálida que tanto significa para ti, habrá que limpiar todas las memorias celulares de los hombres y de las mujeres ultrajadas antes de ti. Personas de tu entorno, quizás, de tu familia, incluso desconocidos alrededor del mundo. Este viaje está centrado a propósito sobre los abusos relacionados con el patriarcado, pero si has sido víctima de abusos por parte de una mujer, puedes por supuesto modificar el sentido del texto y apropiártelo de nuevo.

Notas un calor envolver tu chakra del corazón: asimilas que tu experiencia del abuso sexual hacia la mujer que eres hoy tenía como objetivo liberar de una vez por todas ese egregor[6] de supremacía masculina insana. La energía actual barre y expulsa lo antiguo para acoger un nuevo mundo, más justo, más hermoso, más unido.

Tu reencarnación y tus experiencias han sido escogidas por ti para marcar la diferencia, para cambiar las cosas. Algo en ti se despierta. Una puerta cerrada y reforzada por numerosas emociones cede de golpe. Vas a poder iniciar un descenso en tu subconsciente.

---

[6] Egregor: concepto propio del ocultismo que viene a representar una «forma de pensamiento» o «mente colectiva», una entidad psíquica autónoma capaz de influir en los pensamientos de un grupo de personas. [*N. del T.*]

Para ello, entras en un ascensor gris. Te lleva a tu destino sin hacer ruido. Al llegar al nivel -1, te encuentras con una puerta que acaba de ser arrancada de su quicio. Un torrente diluviano ha destrozado todo a tu alrededor. El agua ha invadido el edificio, el mobiliario ha sido arrastrado por la riada, los muros se desmoronan y la erosión se instala.

Pasas de largo y subes de nuevo en el ascensor. Nivel -2. Aquí no hay agua, sino una obscuridad total. Avanzas a tientas, no consigues ver absolutamente nada. Te quedas ahí, inmóvil durante largos minutos sin saber qué hacer; de repente la puerta que comunica con el piso se abre y aparece un grupo de personas enmascaradas. Están vestidas de negro y pasan silenciosamente sin aguantar tu mirada. Sus máscaras cubren tan bien sus caras, que apenas distingues sus ojos. Decides huir de este sitio lúgubre y te diriges al nivel -3.

Ahí hueles algo inusual; sin embargo, todo a tu alrededor parece normal. De repente percibes el origen del olor: una crepitación te señala que un fuego está cebándose con toda la parte norte del edificio.

Corres en dirección de las escaleras, el ascensor se encuentra bloqueado, debes subir los tres niveles a pie. Los escalones se suceden, el agotamiento está haciendo mella en ti y no puedes más. Un escalón tras otro sientes cómo tu cuerpo está sufriendo durante la subida. No lo consigues, hay algo más fuerte que te lo impide, y abandonas.

A veces no hay que huir de los problemas y de los peores miedos: hay enfrentarse a ellos. Vuelves a bajar los escalones porque vas a

coger el ascensor: ya no sufrirás más, ya no te agotarás queriendo huir de lo que ocurre dentro de ti. Descargas una enorme patada a la puerta. El fuego ya se ha propagado por todo el nivel -3. Clavas la mirada en la danza de las llamas y encuentras ahí tu ira y ese sentimiento de injusticia y de incomprensión, ese «¿por qué?» que te atormenta. Esa cólera ya no te pertenece, atraviesas las llamas sin que te puedan afectar y vuelves a subir en el ascensor.

Una señal te indica que has vuelto al nivel -2. Esta vez la habitación ya no está sumida en la obscuridad. El pequeño grupo de personas enmascaradas se ha apelotonado en un rincón. Parece que tu llegada les ha asustado: de ti emana una luz tan brillante, que toda la habitación está iluminada. Te acercas al grupo y arrancas las máscaras una por una: acabas de destituir a la vergüenza. Esa vergüenza que llevabas en ti y que apagaba tu aura y tu luz natural ya no existe. Has devuelto cada cosa a su sitio. Te has otorgado la libertad.

Te vas nada más terminar tu estancia en este lugar tan agotador. El ascensor se encuentra anegado por el agua que cae desde el nivel -1. Decides no luchar más yendo a contracorriente y te dejas llevar por las aguas embravecidas. Mientras te mantienes a flote nadando, las olas te llevan de un lado a otro. Al cabo de algunos minutos, observas que el caudal del agua ha disminuido hasta cesar completamente: has evacuado y equilibrado tus emociones. Al aceptar y al dejarte llevar has evacuado tus penas y dolores.

Con el corazón ligero subes de nuevo al nivel 0. Aterrizas nuevamente en la matriz suave y luminosa, te gustaría quedarte un

tiempo más, pero no has terminado tu liberación. Subes en el ascensor en dirección al primer piso. Ahí se encuentra un objeto curioso. Un ovillo de lana de color rojo situado en medio de un círculo metálico. Hilos de todos los colores salen a ambos lados de ese ovillo, de modo que no sabes dónde empieza ni dónde termina. Te acercas y descubres que esta representación es el estado de tu memoria celular: un montón de cosas te enredan y tu propio hilo está enmarañado y bloqueado. Agarras las tijeras de encima de la mesa a tu derecha y empiezas a cortar las ataduras de colores:

(Hilo violeta
Todas las memorias de abusos sexuales vividas a lo largo de mis reencarnaciones pasadas: CORTADO.

(Hilo amarillo
Todas las emociones en relación con los abusos sexuales vividos: CORTADO.

(Hilo verde
Todas las memorias de agravios, de actitud de rechazo de uno mismo y de aislamiento: CORTADO.

(Hilo rosa
Todas las memorias transgeneracionales de abusos sexuales vividos por todas las mujeres de mi linaje: CORTADO.

(Hilo negro
Todos mis temores, mis miedos de que esto vuelva a empezar: CORTADO.

No queda ya más que el ovillo de hilo rojo enredado, rodeado por los otros hilos esparcidos en el suelo. Los recoges y abres el gran ventanal de la habitación. Una brisa de verano acaricia tu cara; extiendes la mano, das las gracias a esas memorias por haberte en un momento u otro ayudado y las sueltas para que se las lleve el viento. Se arremolinan dando vueltas y desaparecen para siempre.

Ahora que has terminado la limpieza de tus emociones, al igual que la de tu memoria celular, debes subir hasta el último piso, el que más temes. Pulsas el botón del segundo piso. Las puertas se abren. Delante de ti encuentras a tres personas: en frente, tu verdugo, que lleva un pasamontañas negro. No te puede ver y no sabe que estás ahí. A su izquierda, Marianne[7] representando la Justicia y a la derecha, Libertas, diosa romana de la libertad y de la libertad sexual.

Ahora que estás delante de la energía masculina que te hirió y humilló, que te hizo perder la confianza en ti, que reprimió o que llevó al límite tu sexualidad, te concederás tu perdón y tu libertad. La fecha de hoy marca el día en el cual recuperas tu energía de amazona y dejas atrás las tentativas fracasadas de los hombres que quisieron acosar tu luz y tu poderío femenino.

Cuando te sientas preparada, puedes retirar el pasamontañas a la persona que te agredió. Por fin puedes revelarle absolutamente todo lo que tienes guardado en tu corazón: cómo te sentiste. Qué impacto habrá tenido este trauma a lo largo de tu vida. Este momento es un momento de desahogo en el cual cederás la pala-

---

[7]   Marianne: figura femenina, encarnación de la República Francesa. [*N. del T.*]

bra a tu niño interior. Déjale que se desprenda de sus penas, de su sentimiento de traición, de pérdida de identidad y de referencias. Una vez que sientas que le has dicho todo, deja hablar a tu alma, la parte adulta de tu ser multidimensional. Acepta el hecho de que tu encarnación y las diferentes adversidades que has atravesado y que marcaron tu vida fueron escogidas por ti, busca la pequeña puerta de Alicia en el País de las Maravillas detrás de la pesadilla: ¿qué es lo que este acontecimiento ha revelado en ti? Porque, tallado igual que un diamante, has sido pulido, tu luz se ha multiplicado y tu misión se revela más clara que nunca. Puedes aprovechar este diálogo para decir todo lo que necesites expresar, puedes también pedir disculpas a tu agresor. Una vez terminada la conversación, ya no tendrás que tratar nunca más con él, desaparecerá para siempre y solo guardarás de esta experiencia la deslumbrante luz que emana de ti.

Cuando te sientas preparada, pides a Marianne que se haga justicia. Se llevará entonces a tu verdugo sobre una barca, y a medida que desapareciere de tu campo de visión, sentirás todo el sufrimiento irse con él en la barca. Solo nos queda Libertas, la diosa romana. Te coge de la mano y te transmite su energía intrépida. Tus bloqueos e inhibiciones saltan de golpe. Eres libre, nadie controla tu chakra sacro, puedes autorizarte vibrar de placer sin culpabilidad, puedes escoger una sexualidad que te aportará respeto y autoestima.

Sales de este piso liberada y aliviada. Vuelves al nivel 0, a la matriz. Ese lugar tan mullido donde nada te puede afectar. Te echas en su interior y te dejas llevar por la envolvente energía materna. Puedes permanecer aquí varios minutos y respirar para encontrar de nuevo calma y serenidad tras esta dura liberación.

Reprogramar la conciencia

EJERCICIO

La limpieza a través del agua

En cuanto al tratamiento de las consecuencias de un abuso sexual, la prioridad es siempre la de asegurar a la víctima un seguimiento psicológico con el objetivo de que pueda evacuar todas las emociones y lo no dicho que encierra dentro. Sin embargo, como ya sabrás a estas alturas del libro, la parte energético-emocional contiene igualmente una enorme cantidad de cosas por evacuar.

El agua es el elemento purificador por excelencia. Permite liberar y aliviar tus cuerpos sutiles. Cuando por ejemplo llueve, sientes una gran tristeza o una caída general de tu nivel vibratorio: este fenómeno se explica, por una parte, por la incidencia del tiempo sobre la moral, pero también porque en los días de lluvia te sometes a una limpieza energética.

Todas las emociones y las cosas que metiste en cajas para negar su existencia salen a la luz: todo lo que está dentro y que te perjudica desde el interior debe salir tarde o temprano. Estos periodos de limpieza son emocionalmente difíciles: uno no se encuentra bien, nos deprimimos, pero el refrán «Después de la tormenta viene la calma» es cierto, porque hemos ejecutado un «reseteo» en nuestros diferentes cuerpos para seguir mejor hacia adelante.

Este ejercicio se desarrollará, pues, en una bañera o una ducha, según lo que tengas a tu disposición. Ante todo, empiézalo cuando te sientas capaz de ello, no lo fuerces, y presta atención a las señales: **cuando llegue el momento propicio, lo notarás.** Vas a dejar en este baño simbólico e iniciático a tu antiguo «tú», el que lleva dentro el tabú, la vergüenza, la culpabilidad, y saldrás con un estado energético muy diferente.

Empieza por dejar caer sobre ti el agua caliente de la ducha de manera que te sientas como en el periodo intrauterino, cuando todavía no habías llegado al mundo, o sumérgete en un baño de agua bien caliente. Cierra los ojos e imagínate a ti mismo como un feto, aún ajeno a este trauma, feliz y ligero con la idea de venir a encarnarte. A tu alrededor empiezan a aparecer pequeños jabones solubles, cada uno con un nombre diferente. **Escoge las pastillas cuyo nombre te evoque más cosas** o te despierte una sensación de pesadez en tu plexo o vientre.

C Abuso sexual	C No consentido	C Odio
C Vergüenza	C Aislamiento	C Venganza
C Culpabilidad	C Carencia	C Pedófilo
C Sucio	C Injusticia	C Violador
C Ira	C Ganas de morir	C Dolor
C Odio	C Sexualidad muerta	C Sufrimiento
C Inocencia	C Ausencia de placer	C Vida malgastada

**Esta lista no es exhaustiva:
busca las palabras que tengan más eco en tu historia.**

Ahora visualiza las palabras seleccionadas flotando en el líquido amniótico que te rodea; sigues en el vientre de tu madre y estás protegido. Deja venir a ti, quizás, mensajes relacionados con esta experiencia: ¿estás recibiendo en este momento imágenes o palabras que te permitirían procesar mejor esta prueba?

Vas a poder visualizar cada uno de los pequeños jabones efervescentes disolverse en el agua a medida que conectas con el feto que eras antes de llegar a este planeta. Cada palabra se disuelve y desaparece en el líquido. Puedes ver cómo se borran una tras otra y cada vez un peso se desprende de tu pecho y alivia tu corazón.

Quédate tanto tiempo como desees en ese estado meditativo. Cuando vuelvas a abrir los ojos, todos los residuos energéticos en relación con tu agresión se habrán ido con el agua de la ducha. Si te has bañado, abre el tapón de la bañera en conciencia y deja que todo lo que ya no te pertenece se vaya por el sumidero.

Has conseguido una verdadera limpieza ligada a tu chakra sacro, tu experiencia a partir de ahora hace parte de tu camino de vida, pero ya no le das la oportunidad de definir y condicionar tu vida. **Bravo, te has quitado un gran peso de los hombros.**

CAPÍTULO 10

Apaciguamiento de las emociones

«El hombre sueño de sí mismo
no tendrá otro amo».

Lao Tse

Nuestras emociones son como una alarma interna que nos indica que algo no funciona. Puede ser la tristeza avisándonos de que una palabra hiriente oída en otro momento ha reabierto una herida no tratada causada por un rechazo, o quizá una sensación de miedo surgida para que tomemos conciencia de que nos estamos preocupando demasiado por el futuro y hemos dejado de situarnos en el momento presente.

Una emoción nunca es inútil, interviene para señalar algo no resuelto. Cuando la información ha sido entregada, deberíamos dar las gracias a la emoción mensajera y dedicar toda nuestra conciencia al problema subyacente. Sin embargo, la mayoría de nosotros no ahonda más en ello y otorga toda su atención a la emoción, que ve como el verdadero problema.

«Estoy triste» en vez de *«Me siento rechazado».*
«Tengo miedo» en vez de *«No consigo vivir el momento presente».*

Así es como nuestras emociones quedan prisioneras de nuestra conciencia: surgidas para entregarnos un mensaje, se ven atrapadas dentro de nosotros, bloqueadas, sin puerta de salida, porque no queremos que se vayan.

Este capítulo te permitirá leer y releer cada una de las partes relacionadas con una emoción. En cuanto notes que mantienes a una de ellas prisionera, podrás leer el tratamiento en su totalidad o escoger una emoción en particular, según lo que necesites. El ejercicio al final del capítulo te ayudará a terminar de liberarte.

Desprogramar el inconsciente

Te doy la bienvenida a este tratamiento energético de gestión y liberación de tus emociones. Cada emoción posee su propia energía, que puede o bien actuar como combustible, o al contrario ensuciar la máquina. Iremos limpiando sucesivamente el veneno emocional que constituye la presencia de ese fluido energético en cada órgano. Puedes hacer tres grandes inspiraciones y cerrar los ojos unos minutos y sentir cómo tu cuerpo entra en un estado de calma y tranquilidad.

Cuando abres los ojos, te encuentras en una enorme esfera blanca algodonosa. No conoces el objeto, pero este invita a la relajación y a la somnolencia. Coges un poco del material que lo recubre: la textura parece hecha de pelo sintético muy suave; mientras sigues en su interior, te levantas. Habiendo alcanzado un punto de vista más alto, puedes ver ahora miles de bolas blancas, todas juntas. Te instalas cómodamente en el mullido interior, que se adapta como un guante a la forma de tu cuerpo, y muy rápidamente tu conciencia se despega y puede ver tu cuerpo físico dormirse y regenerarse en la cápsula mientras descubre el universo en el que se encuentra.

Perplejo, avanzas a lo largo del camino. Aquí, todo es de un color blanco inmaculado. Las cápsulas son todas idénticas, nada indica un recorrido, y por tanto no sabes dónde estás. Avanzas y pasas delante de centenares de esferas; de repente ves a lo lejos un amasijo azul. Acercándote, entiendes que este color azul es el resultado del amontonamiento de burbujas pegadas entre sí. Se presentan erguidas delante de dos enormes ventrículos que se hinchan y deshinchan: son tus pulmones. Estos bombean y hacen lo posible para funcionar, pero las esferas de colores

gravitan a su alrededor, impidiéndoles poder desarrollarse de manera correcta; a cada respiración los pulmones son invadidos por todos los lados. Este color azul se adhiere a ellos sin tregua. Deduces que esa materia pegajosa y viscosa no es otra que la tristeza y la depresión que han venido a instalarse para impedirte vivir, para bloquear simbólicamente el flujo de la vida e impedirte respirar.

Sabes que solo lo positivo puede limpiar lo negativo y que a cada emoción, situación o problema basta extraerle su polo opuesto dentro de ti.

Vas a buscar entonces a la Valentía.

Vestida de una capa dorada de superhéroe y enmascarada, acude veloz como el rayo. La Valentía estaba descansando en algún sitio, esperando tu llamada. Ella toma una enorme inspiración y barre de un soplido tus pulmones. Puedes ver a todas las burbujas azules perder su color añil y tornarse blancas. Los pulmones recuperan un movimiento más rápido y menos irregular, irradian bienestar. Das las gracias a la Valentía por la ayuda brindada y reanudas tu camino.

Te deslizas por el camino compuesto de miles de esferas blancas como si fuera por un tobogán y muy pronto llegas ante un órgano de menor tamaño pero también vital: el corazón. Esta vez no puedes ni siquiera acercarte, hordas de cápsulas de un rojo vivo acorralan el órgano, vigilándolo e impidiéndole comunicarse contigo. Das la vuelta buscando un punto de acceso, pero su número es tal, que sencillamente no puedes avanzar. Entiendes que delante

de ti se encuentra el odio. Durante todos estos años, en ese punto dentro de ti se acumularon el rencor y la impaciencia. Tu corazón era prisionero de aquella combinación negativa y tenía las peores dificultades para comportarse de manera natural y hacer lo que quería. El odio, a modo de rechazo, amenazaba con sus lanzas a cualquiera que intentara acercarse.

Te preguntas a qué polo opuesto podrías llamar para vencer a este ejército, y una obviedad se manifiesta:

Llamarás al Amor.

Al instante aparece el Amor, siempre estuvo ahí, a la espera de que pudieras verlo y llamarlo. No tiene forma, es una energía de un color rosa empolvado y oro. Se trata de una energía increíble y potente. El Amor avanza hacia el ejército erizado del odio y apenas roza la primera cápsula, cuando estas sueltan las armas y se marchan. Este ejército teñido de rojo vuelve a ser blanco. Nadie puede combatir al Amor. Es rey omnipotente en su reino, no puede ser destronado, es la energía de la vida.

Aún más liviano, prosigues con tu viaje. Avanzas, revitalizado por este poderoso encuentro con esta emoción increíble que desde entonces te sigue a donde vayas. Sientes su energía a tu alrededor.

Llegas delante de un órgano muy pequeño, no lo hubieras reconocido si el Amor no te hubiera dicho al oído que se trata del hígado. Este se encuentra en medio de una guerra entre cápsulas verdes, se disparan entre ellas, la escena es apocalíptica.

La emoción presente aquí es la ira, retumba tanto, que no eres capaz de oírte pensar. En cuanto al hígado, está escondido en un agujero, hecho un ovillo, intentando en la medida de lo posible protegerse de los disparos de ira que surgen de todas partes a su alrededor.

Te percatas de un segundo foco de disparos: la frustración también está aquí librando batalla.

Llamas inmediatamente a la Bondad.

Una magnífica hada de largos y rizados cabellos dorados aparece. Lleva un vestido de princesa ornado de cintas de oro. Posee una increíble serenidad y consigue tranquilizarte de inmediato.

La Bondad se dirige hacia el escenario de guerra, las esferas tiemblan viéndola pasar y se derrumban. Sus armas se esfuman a la vez que su color verde deja sitio al color blanco de origen.

El periplo continúa y sigues explorando el interior de tu cuerpo. Atisbas a lo lejos dos órganos más pequeños que el resto, agazapados bajo la sombra de un gigante formado por cápsulas negras. Son tus dos riñones, encargados de filtrar y eliminar tus deshechos, aterrados por el coloso que desde lo alto los domina.

Para solucionar esta situación, llamas a la Ternura.

Esta se materializa bajo la forma de plumas que caen del cielo. El gigante de cápsulas negras se remueve al contacto de las plumas

y termina por desplomarse y descomponerse en miles de burbujas blancas en el suelo. La Ternura hace desaparecer el miedo y los sustos almacenados y permite a tus riñones erguirse por fin para poder funcionar correctamente.

Sigues con tu viaje hacia la última etapa y llegas delante del bazo. Ha desaparecido bajo un amasijo de cápsulas amarillas. Interpretas que está enterrado bajo la inquietud y la ansiedad. Las células amarillas se han acumulado hasta cubrirlo por completo.

Decides, por lo tanto, llamar a la Serenidad.

Se presenta ante ti bajo la forma de una ninfa. Desprende un olor a arena caliente y salitre. Deposita una concha, símbolo de serenidad, en la base del amasijo que cubre tu bazo. Las células amarillas resbalan como si fueran sobre el agua, dejando entrever el órgano estresado y ansioso. El agua fluyendo de la cascada de serenidad invocada por la ninfa tranquiliza al instante el bazo y las células a su alrededor se colorean de blanco.

Te giras y ves todas las energías que te han ayudado a desbloquear el asedio de tus emociones negativas: la Valentía, el Amor, la Bondad, la Ternura y la Serenidad. Das las gracias a cada una con una palabra o un presente de tu elección. Sabes que caminan a tu lado y que puedes recurrir a ellas en cualquier momento.

Luego te giras hacia todas las cápsulas y comprendes que forman tu estructura celular, y que cada célula reacciona como si fuera un imán a la emoción que infundes en tu cuerpo. De ahora en adelante podrás determinar qué emoción te supera y contamina

realizando un pequeño reajuste y dejando que acuda el color que tiñe tus células:

- ◖ El azul para la depresión y la tristeza
- ◖ El rojo para el odio
- ◖ El verde para la ira
- ◖ El negro para los miedos
- ◖ El amarillo para las inquietudes y las angustias.

Luego te bastará releer el pasaje sobre el órgano afectado para así poder limpiar tu cuerpo de las improntas tóxicas presentes.

Has concluido tu inmersión y has reintegrado tu cuerpo físico, sigues cómodamente acurrucado en unas de las cápsulas. Despacio abres los ojos y te estiras en el interior del cascarón. **Puedes permanecer todavía varios minutos en ese sitio, sintiendo las emociones positivas presentes: el Valor, el Amor, la Bondad, la Ternura y la Serenidad...** y dejándote acunar por ellas. Luego podrás recuperar con tranquilidad tu conciencia en el aquí y ahora.

Reprogramar la conciencia

EJERCICIO

Exteriorizar emociones

Cuando pensamos en «emociones» a menudo pensamos en algo espontáneo, incontrolado, que surge a pesar nuestro cogiéndonos desprevenidos: una alegría no disimulada cuando un enamorado nos declara su amor, un enfado monstruoso cuando nos enteramos de que hemos sido traicionados o una pena inmensa cuando estamos decepcionados.

El objetivo de este ejercicio va a ser exteriorizar esas emociones para apoderarnos de nuevo de ellas. Para cada una de las emociones, lo importante será interpretarla y vivirla de tal modo que pueda surgir y te permita expresarla. Puedes usar tu cuerpo, tu voz, tus ojos, tus lágrimas.

Expresar el enfado:
Siente su energía dentro de ti, reflexiona sobre la última vez en que algo o alguien te enfadó, deja que esa bola de fuego suba e interprétala como quieras.

Expresar la tristeza:
Siente su energía dentro de ti, reflexiona sobre la última vez en que algo o alguien te entristeció, deja que ese tsunami helado suba y déjalo salir, interpretándolo de la manera que tú quieras.

Expresar el miedo:
Siente su energía dentro de ti, reflexiona sobre la última vez en que tuviste miedo, deja que esa punta afilada suba y déjala salir, interpretándola de la manera que tú quieras.

Expresar la depresión:
Siente su energía dentro de ti, reflexiona sobre la última vez en que te has sentido pésimo y perdido, deja que esa brújula loca suba en ti y déjala salir, interpretándola de la manera que tú quieras.

Expresar la frustración:
Siente su energía dentro de ti, reflexiona sobre la última vez en que te sentiste frustrado, deja que ese tornado suba y déjalo salir, interpretándolo de la manera que tú quieras.

Expresar la risa:
Siente su energía dentro de ti, reflexiona sobre la última vez en que reíste sin poder parar, deja que esa caja de confeti suba y déjala salir, interpretándola de la manera que tú quieras.

Expresar la alegría:
Siente su energía dentro de ti, reflexiona sobre la última vez en que fuiste feliz, deja que esa nube rosa suba y déjala salir, interpretándola de la manera que tú quieras.

CAPÍTULO II

Liberación y aceptación del duelo

«Hay algo más poderoso
que la muerte, la presencia
de los ausentes en la memoria
de los vivos».

Jean d'Ormesson

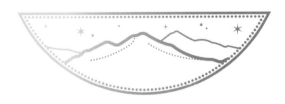

Este capítulo dedicado al duelo es esencial para aliviar el sufrimiento emocional originado por los fallecimientos que presenciamos a lo largo de nuestra vida. Las almas tienen un camino vital predestinado con una fecha de partida prevista y alineada con un plan mayor de lo que pensamos. Cada partida y cada llegada se benefician de una programación pensada e indispensable para la continuación de las encarnaciones de las personas que las frecuentaron.

Tomemos como ejemplo un embarazo no previsto, en una edad avanzada o al contrario muy joven: esto hace parte de las cosas predestinadas que tu alma escogió vivir durante su encarnación. Del mismo modo, ella decidirá el momento de marcharse, y todo ello tendrá un impacto sobre las personas cercanas que seguirán encarnadas y les permitirá tomar conciencia y transcender con esta prueba su propio recorrido. Ahora que ya sabes que el alma escoge el momento de su muerte, es importante saber que a veces a las almas les cuesta irse en paz. Por ejemplo, en el caso de un suicidio, o de una muerte brutal y violenta, como un asesinato o un accidente de coche: cuando te arrancan brutalmente la vida, a veces el alma se niega a partir. El último escenario es cuando el alma acepta morir, pero se niega a dejar a su familia sola y desconsolada.

El tratamiento propuesto en este capítulo te permitirá ayudarles a elevarse a otros planos en el caso en que una de las anteriores razones les impidiese hacerlo. Puedes, por supuesto, leerlo para varias personas. Te aconsejo, si acaso la lectura fuera a afectarte demasiado, dejar pasar 48 horas entre cada lectura. Puedes releer varias veces el tratamiento para una misma persona si sientes la necesidad de ello.

Desprogramar el inconsciente

Te doy la bienvenida a tu tratamiento energético de aceptación del duelo. Tanto si el duelo es reciente como si lleva años pendiente, enhorabuena, **has tomado la decisión de liberarte de las cadenas de la culpabilidad, de la ira, del sentimiento de injusticia que se siente en semejante situación.** Vamos juntos, gracias a la ayuda brindada por el viaje meditativo despierto, a transportarte a tu inconsciente con el fin de liberar tus bloqueos, miedos y otros viejos esquemas que te impiden deshacerte realmente del pasado.

Apenas has cerrado los ojos, cuando te sientes partir hacia un plano diferente. Tu cuerpo físico se ha quedado tumbado, o sentado, ahí donde estabas, pero tu alma está viajando.

Remontas varios planos hasta dar con esa persona fallecida a la que tanto echas de menos. Atraviesas una sucesión de nubes sedosas y tranquilizadoras. Durante tu ascenso, te sientes ligero y feliz. Al aminorar tu velocidad, notas que vas a llegar a tu destino; te apeas y te adentras en ese lugar desconocido: el plano de las personas fallecidas que no ascendieron.

Las personas en ese lugar están como en tránsito, no quieren o no pueden irse porque algo las retiene. ¿Quizás se trate de un proyecto o de una persona que no desean abandonar? ¿O al contrario, de una persona que las quería tanto, que no desea dejarlas marchar?

Sigues avanzado y la luz de este lugar te deslumbra. Aunque solo sea un lugar de paso, sientes que estás en otro plano vibratorio.

Te giras y ves a esa persona cercana fallecida. Esa persona a la que echas tanto de menos desde hace horas, días, años quizás. **Aquí el**

tiempo no tiene ningún valor. Se alegra mucho de volver a verte, pero se pregunta qué haces ahí.

Le contestas que piensas enormemente en ella y que no consigues olvidarla. Ella te sonríe, te contesta que, una vez terminada nuestra encarnación, las perspectivas ya no son las mismas, que no hay por qué preocuparse, que la energía y el alma son eternas y que el tiempo y la materia son solo ilusiones.

Te cuesta entender ese concepto, y entonces te coge de la mano y te pide que la sigas. Sientes un cosquilleo recorrer la palma de tu mano que se va intensificando a medida que te desplazas. Llegáis al plano del reposo entre encarnaciones, lo que podríamos llamar paraíso.

Por fin, descubres el lugar de donde vienes, aquel al cual volverás cuando hayas llevado a cabo tu misión vital.

Tu ser querido te coge por los hombros y te explica:

«Aquí descansamos de nuestras vidas, que no fueron siempre fáciles, del cansancio acumulado durante encarnaciones dolorosas y repetidas. Es un lugar de paz, donde nos dedicamos a nuestras actividades sin odio, sin ira, sin rencor, sin incomprensión. Aquí solo existe el amor; verás, tú también vendrás aquí un día y nos volveremos a encontrar».

Observas el lugar: es la viva imagen de la paz y la serenidad. ¿Acaso un gran campo de flores, lleno de robles antiguos a la sombra de los que puedes reponer fuerzas? ¿Una playa inmensa de arena fina bañada de agua turquesa, a tu disposición para

que puedas relajarte? ¿O más bien un acogedor salón con una chimenea en la cual chisporrotea un fuego y una taza humeante en una mano?

Poco importa el marco idílico visualizado, es la representación de tu remanso de paz, de tu pequeño paraíso. Tu ser querido te muestra que ahí todo es felicidad y que no debes sentirte triste por él, ya que es feliz; a condición de que consigáis los dos dejarlo partir.

Bajas de nuevo al plano entre los dos mundos: el lugar de tránsito donde los allegados fallecidos se encuentran bloqueados debido a un vínculo de amor y de apego tan fuerte que, en vez de liberar, aprisiona. Tu mano sigue en la de esa persona tan especial para ti. Te lleva a una habitación oscura. Delante de ti hay un espejo espía[8] que te permite observar a las personas ahí presentes. Ante tus ojos, ningún campo de flores, ninguna playa o salón acogedor: las personas se encuentran en lo que parece ser una estación, donde esperan con una pequeña maleta como único equipaje. Parecen tristes o aburridas, e incluso algunas adormiladas.

—En este lugar estamos a la espera, a la espera de ser libres —te cuenta tu ser querido.
—¿Quién puede quedarse bloqueado aquí? —preguntas.
—Todos aquellos que han visto llegar la muerte a buscarles sin estar preparados y que no deseaban dejar a sus seres queridos, por ejemplo, o aquellos presa de la tristeza de los que se han quedado en la Tierra y que, años después, no han podido terminar el duelo.

---

[8] Espejo espía o unidireccional (en francés, *miroir sans tain*): aquel que permite ver sin ser observado, como los de los interrogatorios policiales. [*N. del T.*]

—¿Y hay también otras personas?
—Sí, aquellas que acabaron con su vida y no encuentran la luz, y todas aquellas tan sorprendidas por su fallecimiento, que el *shock* les ha impedido ascender.
—¿Qué se puede hacer para liberarlas?
—Aceptándolo. Aceptando que se marchen. ¿Y tú estás preparado para dejarme marchar?

Asientes, has entendido que solo tus miedos y tu apego mantenían la emoción vinculada a esta persona, pero el amor profundo e incondicional que sientes hacia ella acepta dejarla partir para que pueda por fin alcanzar su pequeño paraíso.

Este ser querido te enseña la muñeca y señala dos ataduras. Una de color negro, que simboliza el apego, y otra de color blanco, el amor eterno. Coges las tijeras que te ofrece y cortas la atadura negra. Ya solo queda la blanca, que brilla con mil destellos. Observas tu muñeca y ves cómo se materializa un segundo nudo blanco.

Este viaje te ha impactado; al cortar la atadura negra y conservar la blanca, has liberado a tu ser querido. Te ha saludado una última vez físicamente y se ha volatilizado. Miras de nuevo a través del espejo espía: **¿habrá todavía en el andén de esa estación seres que conoces esperando?**

Si es así, abre la puerta de esa sala, acércate y despídete de cada uno de ellos, diles todo lo que tengas en tu corazón y corta el nudo negro de su muñeca; aparecerán tantos nudos blancos alrededor de la tuya como duelos y liberaciones realices.

Puedes sentir la presencia de tus seres queridos que ya no están aquí físicamente, pero que a partir de ahora te acompañaran energéticamente. Abandonas el plano entre los dos mundos al no tener nada más que hacer en él. Decides visitar otros planos y escoges el emocional.

Al llegar en este universo, sientes un nudo en la garganta. Tu chakra de la garganta soporta con mucha dificultad el ambiente de este lugar. En efecto, aquí todo es pesado y sombrío, y te cuesta abrirte camino. Avanzas como puedes para intentar mejorar la visibilidad.

A tu alrededor, todo es difícilmente descriptible. El suelo parece magma: hace calor, te ahogas y tu garganta se cierra cada vez más. No pudiendo aguantar esta atmósfera, pides auxilio.

Una paloma se te acerca y te entrega una rama de olivo. Comprendes que esta atmósfera no es otra que la ira, el sentimiento de injusticia y la pena anidados dentro de ti a raíz de la partida del ser querido. Tu cuerpo emocional está en ebullición y tu chakra de la garganta se cierra porque no sabes cómo expresar esos sentimientos.

Coges la rama de olivo y anudas la atadura blanca que llevabas a su alrededor. Lo dejas a modo de ramo pegado al chakra del corazón para poder efectuar la liberación de todo lo que te pesaba hasta ahora.

De repente todo el paisaje se transforma: siguiendo el ejemplo de tu mundo interior, este mundo está cambiando. El sol vuel-

ve, unas flores empiezan a brotar y la Tierra les hace un hueco. Unos animales se acercan a ti: pajaritos y ciervas te acompañan. La alegría y la serenidad están de vuelta. Depositas el ramo en el suelo y dejas atrás el mundo de tus emociones en plena exaltación mientras se forma un magnífico arcoíris.

Despacio, vuelves a tu cuerpo físico y sientes una gran paz interior; puedes notar el agotamiento y la fatiga. **Esta limpieza te ha requerido mucha fuerza y valentía,** pero por fin has entendido que nada es definitivo, que nada muere. Puedes sentir la presencia reconfortante de tus seres queridos en el chakra del corazón cada vez que sientas la necesidad de ello.

Reprogramar la conciencia

Ahora que ya has podido completar la limpieza, en un plano invisible y energético, de los residuos emocionales que te mantenían en el pasado, vamos a cerrar este capítulo con un acto concreto de liberación usando tu parte consciente. Así, la totalidad de tu ser habrá aceptado que, a pesar del amor profesado a tus seres queridos difuntos, el peso de su desaparición ya no recae sobre ti.

EJERCICIO

Liberarse de la culpa

A menudo, cuando alguien muere, podemos aceptar la pérdida del ser querido, pero permanece un sentimiento de culpa que puede variar según las personas:

- Culpa por estar vivo mientras él se fue.
- Culpa por no haber estado a su lado en sus últimos momentos.
- Culpa por estar enfadados años antes de su fallecimiento.
- Culpa por sentir alivio por la partida de ese ser querido.
- Culpa por haberle visitado poco últimamente.

El objetivo de este ejercicio es conseguir soltar los últimos lazos invisibles que te unen a ellos para poder dejarles irse en paz en tu espíritu. Escribe todas las culpas que sientes, perdónate por ser humano y entiende que hiciste lo mejor que pudiste en ese momento, con todas las dificultades que puede traer la vida. Escribe en ese papel todo lo que puedas llevar en ti y que alivie la culpabilidad. Puedes prolongar durante varios días esos escritos si prefieres volver a ellos varias veces. Cuando sientas que has soltado todo, destruye el papel, ya no te será útil.

CAPÍTULO 12

Liberación
mediante el perdón

«El perdón es la fragancia
que la violeta esparce en el talón
de quien la ha pisado».

Mark Twain

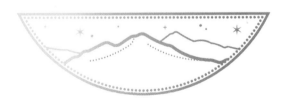

No es una casualidad si terminamos este libro con el capítulo del perdón; el perdón es una fase importante del camino hacia el bienestar, la aceptación de uno mismo y el equilibrio interior. Porque desde luego no hay descanso sin perdón. Tus memorias dolorosas son semejantes a una enfermedad mal curada cuyas punzadas notarás de vez en cuando y que poco a poco va a producir infecciones y a activar diversas señales corporales para avisarte sobre tu estado energético y emocional interior.

El perdón libera al malhechor, libera tanto al carcelero como al prisionero, porque cuando hay sufrimiento, nadie sale impune. Perdonando, no solo permites a los otros elevarse, sino que tú también te liberas de un peso que no tendrías que haber cargado sobre tus hombros, y esto desde el primer día. Al decidir conservar la ira, el resentimiento o la necesidad de justicia, te aferras al manojo de llaves que te mantiene encerrado en tu jaula dorada. Esta jaula te tranquiliza al brindar un marco y una sensación de control a tu dolor: eres tú quien tienes las llaves, pero es ella quien te mantiene tristemente del lado equivocado de la cerradura.

Te propongo cerrar juntos este magnífico viaje interior con una liberación profunda y poderosa para deshacerte de todas tus cadenas.

«Sin el perdón, quedaríamos
prisioneros de nuestros actos
y sus consecuencias».

Hannah Arendt

Desprogramar el inconsciente

Avanzas a duras penas por un pequeño camino de tierra, animado solo por tu voluntad. Alrededor de ti, el mundo está desolado. Todo es gris. Te das la vuelta y ves unas largas cadenas atadas a tus tobillos que arrastran unas bolas de plomo. Estás agotado y hastiado de seguir esta senda.

Este universo te es familiar, no sabes a dónde podrías ir. De repente, aparece un ángel a tu lado. Ha escuchado tu malestar. Él sabe que tu pasado y tus sufrimientos han sido tales, que hoy te es difícil admitir que otros seres humanos hayan podido herirte de ese modo. Ve que estás encogido, que tus chakras están apagados por falta de amor y que tu cuerpo energético tiene grandes fugas por ambos lados. Te ofrece su mano y te propone un viaje.

Al principio no te das cuenta del alcance de esa mano tendida. Al cogerla, lo entiendes. Comprendes que este ángel ha venido a liberarte de tus rencores, de las venganzas que te obsesionan, de los celos, de la ira y sobre todo de tus males físicos, porque tu cuerpo, con cada pensamiento negativo y orientado hacia el pasado, se anquilosa cada vez más. Subes a un pequeño transbordador espacial. Todavía no sabes a dónde te lleva el ángel. Lleváis volando durante unos minutos, cuando el transbordador se detiene en un planeta rojo. Es el planeta del chakra raíz, unido a la familia.

Ante ti están todas las personas de tu entorno que te han hecho sufrir en algún momento. Puedes ver a tu padre, a tu madre, a tus hermanos e incluso a algunos amigos. Pueden ver un tubo negro sucio que sale de su corazón y que te conecta con cada uno

de ellos. Pacientemente, decides cortar uno a uno los lazos que te unen a ellos, repitiendo cada vez y a cada persona:

«Sé que hiciste lo mejor que pudiste,
te amo y te perdono».

Te invito a visualizar en conciencia esta escena. Compruebas que ningún vínculo ha sido olvidado, tu chakra corazón ahora está conectado a todas estas personas con un hilo de oro brillante y luminoso. Volvéis a vuestra nave.

La próxima parada es en el planeta naranja del chakra sacro. Este planeta te asusta porque has sufrido mucho por amor. Es hora de plantar cara a tus fracasos y seguir adelante. El ángel camina a tu derecha y te inunda con su aura dorada.

Frente a ti, hay tantas casitas como relaciones amorosas importantes, que marcaron tu vida. Todas llevan el nombre de la persona en cuestión, así como el del mal relacionado que no has logrado perdonar: traición, mentira, cobardía, violencia, falta de respeto, sumisión, fracaso, abandono. Avanzas hacia la primera casa y coges el bote de pintura naranja colocado a la izquierda del pequeño portal de entrada. Tomas el pincel y repintas sobre las palabras que te mantenían prisionero del fantasma de esa relación.

Una vez terminado, dices:

«Te perdono, porque hiciste lo que pudiste
con los medios de los que disponías».

A continuación, coges un pincel con pintura dorada y repintas por encima una palabra que simbolice lo positivo que has sacado de esa relación: autoafirmación, amor propio, concentración en mis prioridades, definición de mis valores, etc. Lo haces en cada casita hasta que solo queden casas decoradas con palabras doradas positivas.

**Tómate un momento para hacer esta limpieza
y luego podrás volver a subir a la lanzadera.**

El viaje continúa, y llegas al planeta del chakra del plexo. Es de un amarillo brillante. Harás una breve parada aquí. Tu plexo es la sede de lo emocional, pero sobre todo del querer/poder y de tu relación con los demás en general.

Delante de ti ha surgido una multitud. Son todas las personas que no creyeron en ti, que te menospreciaron, criticaron y cuestionaron tus deseos o convicciones. Cada uno de ellos consiguió, con una palabra tras otra, arrancar un pequeño trozo del edificio de tu autoestima. Reconoces a antiguos compañeros de escuela, del trabajo, jefes, vecinos.

Decides reparar el pasado y visualizas a cada una de esas personas colocando una piedra amarilla brillante en el suelo. Las apilan hasta levantar una torre muy alta. Una vez alcanzada la altura deseada de tu propia autoestima, les dices en conciencia a todas ellas que les perdonas sus palabras torpes o malvadas, porque de ahora en adelante estarás en lo alto de esa torre y sus palabras no podrán afectarte más.

El ángel te recoge para la próxima parada. Pronto llegas al planeta del chakra del corazón. Esperas encontrar a muchas personas que significaron mucho y te traicionaron. La luz verde emanante del astro que ilumina el lugar se difunde suavemente y descubres un único objeto colocado sobre un tocador.

Es un espejo. Te sientas y lo sujetas con una mano. **En el reflejo está tu doble, prisionero.** Por más que sonríes ante el espejo, tu doble se mantiene impasible, estoico y triste. Entiendes que la persona a la que más debes perdonar eres tú. Te perdonas por no saber o no ser capaz de cuidarte. Por no haber sabido escuchar tus necesidades ni respetar tus límites. Por haber sufrido la falta de respeto, la violencia, la humillación de los demás. Por haber aceptado la crítica sin defenderte. Por haber sido manipulado, porque estabas desesperado por llenar ese chakra del corazón que te parecía tan vacío. Por haber confiado y haber sido traiciona-do. Por repetir patrones dolorosos y malsanos, porque ignorabas cómo hacerlo de otra manera. Por ser malvado y a veces injus-to. Por haber maltratado, juzgado y menospreciado tu físico, tus habilidades o tu trayectoria. Sencillamente, por no haber creído en ti y por haberte, tú solo, fallado a ti mismo.

Te miras en el espejo y dices:

«Ahora me perdono por haber podido hacerme daño
de cualquier modo, porque no sabía
o no podía hacer otra cosa».

Al instante, el otro tú del espejo te hace una señal de agradeci-miento y desaparece, dando paso a tu reflejo actual, radiante y

sonriente. Además, sentirás tu chakra del corazón hincharse y almacenar amor y gratitud.

Ligero y feliz, sales hacia tu último destino. Desembarcas en un planeta azul turquesa. Aquí la naturaleza es exuberante. Entre los árboles, un claro cruzado por un río de aguas cristalinas te llama la atención. Una pequeña hada y algunos animales te invitan a acercarte.

El agua clara te atrae. Estás a punto de mojar las manos en el agua, cuando ves esbozarse un reflejo. La imagen de ese mismo claro aparece, pero totalmente destruido. Los animales han desaparecido o están enfermos. La vegetación se ha secado y el río está sucio y contaminado.

Sientes en tu chakra del corazón la llamada de este claro. Pides perdón a la tierra, a todos los animales, a las plantas y a la materia en todas sus formas por haberles causado daño. Decides en conciencia respetar la vida y el suelo en el que te encuentras con el fin de vivir en total armonía ambiental, animal y ecológica con este planeta que te da agua, alimento y oxígeno.

Ahora te sientes unido con todo lo que te rodea. Posees una conciencia conectada y en el fondo de tu alma ya se están perfilando futuras acciones a desarrollar para cumplir con tus nuevas resoluciones.

Después de esta parada, te sientes diferente. Todos tus chakras bloqueados han sido liberados del peso del pasado y es hora de volver a la tierra.

El ángel te espera al pie de la lanzadera. Subís y despegáis hacia vuestra última escala, situada en un mundo superior. El transbordador sube y sube. Pasáis la estratosfera y llegáis a un plano sutil más alto. Allí se encuentra la sede de tu alma y de tu conciencia.

Te invade una sensación de *déjà-vu*. **Conoces a la persona que se presenta ante vosotros. Eres tú, tu verdadero «yo».** El que te guía y aconseja a través de tu intuición. Aquel con quien reconectas cada noche mientras duermes para restaurar tu energía, enfocarte y recibir orientación. Te da una cálida bienvenida y te agradece que hayas hecho el viaje en conciencia.

Esta vez, toma él la palabra y te perdona. Te perdona por no ser capaz de escucharte a ti mismo, por favorecer la conciencia y perderte así tantos mensajes intuitivos que provienen del corazón. Te perdona por equivocarte, por dudar de él e incluso tomar decisiones contrarias a su bienestar. Sabe que la vida ahí abajo es complicada y que es muy fácil extraviarse.

Aceptas su gracia y te notas más ligero. Te elevas un poco del suelo y una vaporosa luz blanca te rodea. Tu «yo» te propone diseñar una imagen telepática para que puedas conseguir captar sus futuros mensajes.

Te pide que elijas una fruta. Cualquier fruta. De repente y sin pensarlo, una imagen de la fruta aparece en tu mente. Ahora, cuando veas o pienses en esa fruta, sabrás que estás canalizando un mensaje importante de tu «yo» superior. Le das las gracias y un fuerte abrazo antes de partir. De vuelta a la Tierra y de nuevo en tu cuerpo, conservas todavía esa sensación de ligereza. Tus

cadenas han desaparecido y ves un mundo diferente. El aire fresco acaricia tu piel y te hace sentir la noción de libertad. Tus pies se hunden en la tierra fresca y sientes un profundo anclaje. El sol calienta tu chakra del corazón.

Puedes avanzar y vivir el momento actual conservando tus sensaciones porque ya no sientes la necesidad de mirar atrás. Estás libre del peso del pasado. **Eres como una nueva página en blanco que se escribe** y solo depende de ti apuntar en ella todos tus deseos, proyectos y nuevos hábitos de vida.

Reprogramar la conciencia

EJERCICIO:

La carta de despedida

Al cumplir el tratamiento energético del perdón con lectura meditativa, has trabajado mediante la visualización sugerida los bloqueos y las emociones ancladas en tu inconsciente. **Terminaremos por tanto este libro con la escritura de dos cartas** que nos permitirán cerrar el capítulo de nuestros sufrimientos de la misma manera en que cerrarás la última página de este libro.

La carta de perdón al otro

En este ejercicio, podrás **escribir a todas las personas por las que todavía sientes un punto de amargura y rencor**. No hay ningún protocolo concreto que seguir, salvo redactar una sola carta al día y escribir una para cada persona por la que sientas que es necesario hacerlo.

En estas cartas, deberá anotar todo lo que le reprochas. También puedes tomar nota de las cosas positivas si lo deseas, se trata **de sacar todo lo que tienes que decir sobre la persona**, sus acciones, los sufrimientos que haya podido causarte y lo que sientes en ese preciso instante. Una vez terminada la carta, tírala o quémala.

La carta a mí mismo

La última carta estará dirigida a ti, pero esta será un poco diferente, la escribirás donde puedas leerla y releerla cada vez que sientas que te estás volviendo demasiado duro e intolerante contigo mismo.

Te perdonarás, y sobre todo te darás las gracias. Enumera todo lo que has hecho por ti desde que naciste: ser divertido, ser amable, superar una ruptura, haber aprobado una oposición, ayudar a los demás, ser tolerante, sonriente, etc., y perdónate por lo que no supiste hacer: seguir con un hombre que te maltrataba, no haber conseguido reivindicarte cuando te faltaban al respeto, enfadarte, sabotear tu nuevo trabajo, etc.

El propósito de esta carta es darte cuenta de que todas las cualidades que posees siguen ahí a pesar de tus errores. Celebra tu persona y perdónate por no ser más que un ser humano en constante evolución.

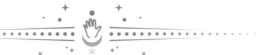

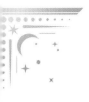

CONCLUSIÓN

A lo largo de este libro, has tenido la oportunidad de unir la conciencia y el subconsciente para tomar el control de tu ser profundo. Ahora dispones de una herramienta poderosa y eficaz que leer y releer en cuanto te des cuenta de que tu conciencia está tratando de volver a tomar el control o durante los momentos difíciles de la vida: cada capítulo puede leerse independientemente de los demás cuando sientas la necesidad de ello.

Recuerda que la lógica, cuando se trata de nuestro ser multidimensional, no existe. **Si te apetece leer el tratamiento sobre el sufrimiento emocional cuando no tengas señales o síntomas relacionados: ¡escúchate!** Seguramente, algo muy inconsciente necesita ser liberado. Confiar en uno mismo y estar en sintonía con las propias sensaciones es la clave para una buena comprensión de sí.

Me ha encantado acompañarte en este maravilloso viaje y te deseo una vida llena de amor y serenidad.

Stéphanie

NOTA DEL EDITOR

La autora y la editorial declinan toda responsabilidad procedente, directa o indirectamente, de la utilización de este libro.

Las declaraciones hechas por la autora relacionadas con procesos y métodos de tratamiento no pueden considerarse consejos médicos.

Para continuar la liberación de la memoria celular y el trabajo sobre uno mismo:

Para niños y niñas:

L'Oracle des petits magiciens
La colección «Les Contes d'Ankaa»: más de 11 cuentos
que tratan temas como la resiliencia, el pensamiento positivo,
el luto, la confianza en sí mismo, el fracaso escolar o los miedos.

Para adultos:

L'Oracle d'Ankaa
Oráculo de liberación de la memoria celular
y los estados de ánimo.

L'Oracle de la flamme d'Ankaa
Oráculo de liberación de bloqueos emocionales
y limpieza emocional.

Karma Bitch
Guía de despertar que detalla más de 50 temas
de desarrollo personal y espiritualidad.

Merci connard!
Guía para liberarse del sufrimiento emocional.

Good Karma Box
100 % tarjetas positivas.

Good Quantic Box
100 % tarjetas de abundancia.

L'Oracle des Medeores
Oráculo de guía y adivinación.